KB266898

한국 의료 대혼란 시대의 기록

KMI 한국의학연구소

이 책은 재단법인 한국의학연구소(KMI)의 지원을 받아 발간되었습니다.

편집자 일러두기 | 이 책의 기록 시점에 관하여

이 책은 대한민국 의료시스템에 전례 없는 혼란을 가져온 2024년 의정(醫政) 갈등 사태의 배경, 전개, 문제점, 그리고 미래를 향한 제언을 담은 기록입니다. 책에 수록된 개별 칼럼들은 대부분 2024년 2월 정부의 의대 입학 정원 2,000명 증원 발표 이후부터 2024년 4월 총선 직후, 그리고 현재에 이르기까지 사태가 가장 첨예하게 대립하고 변화하던 시점에 작성되었습니다.

따라서 각 글의 논평, 비판, 상황 진단 및 제언은 저자가 칼럼을 작성하던 시점의 상황을 바탕으로 이루어졌습니다. 이 책이 한국 의료 대혼란 시대의 가장 뜨거웠던 순간을 기록한 역사적 자료이자, 미래 의료시스템을 위한 심도 깊은 성찰의 토대가 되기를 기대합니다.

2,000명 논란의 본질

한국 의료
대혼란 시대의 기록

대한민국의학한림원 기획 | 한상원 외 32명 지음

대한민국의학한림원

National Academy of Medicine of Korea

『한국 의료 대혼란 시대의 기록』은 2024년 2월 정부의 의과대학 정원 2,000명 증원 발표로 촉발된 의료 대란과, 그로 인한 대한민국 의료시스템의 붕괴와 교육 현장의 혼란, 그리고 의료계 내부의 자성을 담은 의료계 석학들의 기고문 모음집입니다.

대한민국의학한림원에서 이 책을 발간하게 된 것은 한국 의료 대혼란 시대가 휴화산처럼 언제든 다시 폭발할 수 있다고 판단했기 때문입니다. 그러나 문제점을 찾아내어 미리 해결한다면 대한민국을 의료서비스 강국으로 만들 수 있을 것입니다. 이에 저자들이 분석한 문제점과 함께 그 해결책을 짚어보고자 하였습니다.

1. 사태의 발단: 2,000명 증원이 촉발한 의료 대란

2024년 2월 6일, 정부는 필수의료 붕괴를 막고 미래 의료 수요에 대비한다는 명분으로 2025학년도부터 의대 입학 정원을 매년 2,000명씩 증원하겠다고 발표했습니다. 정부의 발표 직후, 전공의들은 사직서를 제출하고 병원을 떠났으며, 의대생들은 휴학계를 내고 교정을 떠났습니다. 이는 단순한 '밥그릇 싸움'이 아니라, 정부의 일방적인 정책 추진과 의사를 잠재적 범죄자로 취급하는 태도에 대한 MZ세대 (예비) 의사들의 절망과 저항의 표현이었습니다.

2. 정책의 허구성: 과학적 근거의 부재

정부는 세 개의 국책연구소 보고서를 근거로 2,000명 증원이 과학적이라고 주장했습니다. 그러나 전문가들은 인구 감소와 의료기술 발달(AI 등)이라는 변수를 고려하지 않은 단순 추계의 위험성을 경고했습니다. 의료계 석학들은 필수의료와 지역의료의 붕괴가 '의사 수 부족' 때문이 아니라 저수가와 과도한 법적 위험, 열악한 근무 환경 때문이라고 일관되게 지적합니다. 의사를 늘린다고 해서 그들이 기피과(흉부외과, 소아청소년과 등)를 지원하거나 지방으로 이동하는 것은 아닙니다. 미용/성형 시장으로의 쏠림만 가속화될 뿐입니다. 정부는 의사 수가 경제개발협력기구(OECD) 평균보다 적다는 점만을 강조하지만 한국은 의료 접근성, 기대수명, 회피 가능 사망률 등에서 세계 최고 수준을 유지하고 있습니다.

3. 의학교육의 붕괴: 준비 없는 증원의 대가

의학교육은 강의실만 늘린다고 해결되는 문제가 아닙니다. 해부학 실습, 기초의학 교수진, 임상 실습 병원 등 방대한 인프라가 필요합니다. 현재 시설로도 벅찬 상황에서 정원이 2~3배 늘어난 비수도권 의과대학의 경우 정상적인 실습 교육은 사실상 불가능하며, 교육의 질 저하는 필연적입니다. 2025학년도 신입생과 2024학년도 유급생이 합쳐지면서, 한 학년에 평소의 2~3배가 넘는 인원이 수업을 들어야 하는 최악의 상황(트리플링 등)이 학년을 올라가면서 앞으로 6년간 지속될 것으로 예상됩니다. 이는 향후 10년 이상 한국 의학교육에 후유증으로 남을 것입니다.

4. 병원 현장과 필수의료의 위기

전공의는 피교육자인 동시에 병원의 핵심 노동력이었다. 그들이 현장을 떠나자 상급종합병원의 수술과 진료가 축소되었고, 남은 교수들은 신체적·정신적 소진을 겪게 되었습니다. 전공의 의존도가 높았던 대형 병원들은 막대한 적자를 기록하며 경영난에 봉착했습니다. 정부는 필수의료를 살리겠다고 했지만, 결과적으로 필수의료는 더 큰 타격을 입었습니다.

5. 보이지 않는 손실: 의학 연구의 침체

진료와 교육의 위기에 가려져 있지만, 의학 연구의 침체는 심각한 수준입니다. 주요 의과대학과 병원의 논문 출간 수는 전년 대비

약 8~10% 감소했습니다. 의학 연구는 바이오산업 및 대학 경쟁력과 직결되어 있습니다. 현재의 연구 공백은 수년 후 한국 의료의 국제적 경쟁력 상실로 이어질 것입니다. 정부는 단기적인 진료 공백뿐만 아니라 무너지고 있는 연구 생태계에 대한 지원책도 마련해야 합니다.

6. 의료계의 성찰과 자정 노력

의료계는 이번 사태를 통해 '국민 밉상'이 되어버린 현실을 자각했습니다. 그동안 의료계는 국민들을 설득하려는 노력보다 전문가주의에 입각해 파업 등으로 맞서는 방식을 택해 왔습니다. 이는 국민들에게 '집단 이기주의'로 비쳤습니다. 의료계를 대표하는 단체들의 분열과 무력함 역시 문제로 지적되었습니다. 대한의사협회, 전공의협의회, 교수협의회 등은 단일대오를 형성하지 못한 채 서로 반목하거나 충분히 소통하지 못했습니다. 대한의사협회 회장이 탄핵당하는 등 혼란이 지속되었고, 이는 정부와의 협상력을 떨어뜨리는 결과로 이어졌습니다.

7. 향후 대책 및 제언

첫째, 의과대학 정원은 정치적 결정이 아닌 과학적 근거에 기반한 독립적인 추계 기구를 통해 결정되어야 합니다. 여기에는 인구변화, 의료 이용량, 기술 발전 등 다양한 변수가 고려되어야 하며, 정부와 의료계가 합의할 수 있는 거버넌스가 필수적입니다.

둘째, 낙수 효과를 기대하는 증원보다는 직접적인 지원과 구조 개혁이 필요합니다. 원가 이하로 책정된 필수의료 수가를 현실화해야 합니다. 고의가 아닌 의료사고에 대해서는 형사처벌을 면제하거나 완화하는 「의료사고 처리 특례법」 제정이 시급합니다. 또한 지역 거점 병원이 원활히 운영될 수 있도록 재정적·행정적 지원이 이루어져야 합니다.

셋째, 전공의를 값싼 노동력으로 간주하며 착취하는 구조에서 벗어나야 합니다. 주 80시간 근무 등 열악한 수련 환경을 개선하고, (책임) 지도전문의 지도 아래 교육 중심의 수련체계를 확립해야 합니다. 전공의를 미래의 한국 의학을 책임질 후속 세대로 인식해야 합니다.

넷째, 의료계는 국민의 신뢰를 회복하기 위해 노력해야 합니다. 전문가로서의 직업윤리 의식을 자각하고, 사회적 책무를 다하는 모습을 보여야 합니다. 의사들이 원하는 의료 환경이 결국 환자에게 안전하고 좋은 환경이라는 점을 국민에게 적극적으로 알리고 설득해야 합니다.

다섯째, 정부는 일방적인 명령과 통제(관치 의료)를 멈추고, 의료계를 파트너로 인정하며 대화에 나서야 합니다. 신뢰 회복 없이는 어떠한 정책도 성공할 수 없다는 점을 알아야 합니다.

2025년 겨울의 문턱에서, 우리는 이 아픈 기록이 대한민국 의료 붕괴의 끝이 아니라 회복의 출발점이 되기를 간절히 소망합니다.

정부는 일방적 강행을 멈추고 의료계를 진정한 파트너로 인정하여
대화에 나서야 하며, 의료계 또한 처절한 성찰을 통해 국민의 신뢰
를 다시 얻어야 합니다. 무너진 의료 생태계를 되살려 후배들에게
온전한 교육과 진료 환경을 물려주는 것이 우리의 책무입니다. 신
뢰 없이는 어떠한 정책도 성공할 수 없습니다. 이 책이 갈등을 넘어
화합과 재건으로 나아가는 첫걸음이 되기를 바랍니다.

2026년 1월
대한민국의학한림원 원장 **한 상 원**
회원관리부원장 **김 인 겸**
의료정책부원장 **박 은 철**

대혼란의 서막
: 빼앗긴 강의실에도 봄은 오는가

2024년 2월, 고려대학교 의과대학은 3년여에 걸친 증축 및 리노베이션을 통해 학생 주도의 학습과 효율적인 교육이 가능하도록 강의실과 교육 공간을 조성하고 새 학기를 준비했다. 그러나 갑작스러운 국가 정책이 캠퍼스의 풍경을 바꾸기 시작했다. 2월 6일, 정부가 의대 정원 2,000명 증원을 표명하면서 학사 운영이 혼란에 빠졌다. 학생들과 전공의, 교수들이 강하게 반발했으며, 학생들은 의학과 1학년 개강 다음 날인 2월 20일부터 수업 거부를 예고했다.

나는 예정대로 2월 19일, 의학과 1학년 학생들과 함께 강의실에서 개강일의 전통에 따라 해부학 교수진을 소개하고 강의 개요를 설명하는 수업을 진행했다. 오후에는 해부학 실습이 예정되어 있었다. 원래는 고인을 추모하고 한 학기 동안 본격적인 해부 실습을 위해 사전 준비하는 시간이지만, 학사일정이 불확실하여 간략한 대면식으로 대신하고 빠른 수업 재개를 기대하며 첫 실습을 마쳤다. 그러나 정책 발표 이후 1년 4개월이 지난 시점까지도 대다수의 학생들이 복귀하지 못한 채 학업을 이어가지 못하고 있다.

2023년부터 의료계와 정부는 의대 정원 증원 문제를 놓고 지속적으로 물밑 협의를 진행해 온 것으로 알려져 있다. 2023년 후반기에는 어느 정도 타협점을 찾았다는 루머도 돌았다. 복지부 고위 관료가 용산에 보고를 위해 방문했다가 엄중한 질책을 받았다는 이야기도 들렸다. 결국 정부는 2025년부터 의대 정원을 2,000명 증원하겠다는, 상상을 초월하는 숫자를 발표했다. 이 결정은 전문가 집단과의 협의가 아닌, 정치적 필요와 정권 내부 판단에 따른 독단적 방식으로 이루어진 것으로 보인다.

전문적 식견이 부족한 집단의 정치적 고려에 따른 판단과 상명하복에 익숙한 관료 조직의 관행적 행정 집행으로 인해, 이성적이고 과학적인 사고와는 거리가 먼 강압적이고 초법적인 일련의 조치가 취해졌다. 일부 사람들은 저항하는 의대생과 젊은 의사들의 움직임을 단순히 밥그릇 지키기로 폄하하며, 이 문제를 의사 수와 경제 논리만으로 접근했다. 하지만 면담을 통해 만난 학생들은 나와 마찬가지로 깊은 우려를 품고 있었다.

가장 큰 문제는, 불합리한 정책 추진과 기본적으로 보장되어야 할 인권을 외면하는 행정부의 초헌법적 태도가 공정성을 중시하는 젊은 세대를 설득하지 못했다는 점이다.

의과대학 교육은 단순히 강의실만 확보한다고 가능한 것이 아니다. 해부학을 비롯한 기초의학 교육은 실습실, 보조 인력 등 정밀한 인프라에 기반하며, 임상 실습을 위한 병원 시스템과 교수진도 필수적이다. 예컨대 해부학 교육만 보더라도 현재 전국 교수 92명에 대해 정원은 이미 과포화 상태이며, 교육용 시신 또한 절대적으로 부족하다. 여기에 2,000명이 증원되면 교육 수용 능력이 근본적으로 무너질 수 있다.

이러한 조건에서 교육의 질을 유지하는 것은 불가능하며, 젊은 세대의 반발은 이 현실을 정확히 직시한 결과였다.

이번 의정 사태를 돌아보며, 1870년 보불전쟁(1870~1871)의 도화선이 되었던 '엠스 전보 사건(Emser Depesche)'이 떠오른다. 당시 프로이센의 수상 비스마르크는 원래 정중한 외교 문안으로 작성된 전보를 악의적으로 편집한 뒤, 이를 언론에 흘려 국민 감정을 자극했다. 그 결과 프로이센 내 여론은 들끓었고, 프랑스는 자국에 대한 외교적 결례에 격분해 먼저 선전포고를 하게 된다. 겉으로는 프랑스가 먼저 전쟁을 시작한 듯 보였지만, 실제로는 비스마르크가 정권 통합과 국가 확장을 위해 여론을 전략적으로 활용한 결과였다. 이 사건은 여론 조작과 감정 동원이 국제 갈등을 어떻게 촉발할 수 있는지를 보여주는 역사적 사례로 기록된다.

이러한 방식은 오늘날에도 되풀이되고 있다. 여론을 자극하고 상대를 정치적 '적'으로 설정하며 정책을 추진하는 방식은 단기적으로는 지지를 얻을 수 있으나, 장기적으로는 신뢰의 붕괴와 공동체의 분열을 초래한다.

2024년의 우리는 어쩌면 이와 유사한 현실을 마주하고 있었는지도 모른다. 정부가 일방적으로 의대 정원 2,000명 증원을 발표하자, 의료계는 강하게 반발했다. 이에 정부는 이번만큼은 결코 물러서지 않겠다는 태도를 고수하며, 언론을 통해 여론을 유리하게 조성하려 했다. 애초에 의료 정책의 논쟁은 승패를 겨루는 싸움이 아니라, 국민 건강을 위한 최선의 방안을 찾는 숙의의 과정이 되었어야 했다.

그럼에도 불구하고, 정부는 위기를 과장하며 아무런 근거도 없이 보건의료 재난경보를 '심각' 단계로 격상시켰다. 관료들은 민방위 복장을 한 채 언론에 등장해 성명을 발표했고, 의사들은 마치 국가가 맞서 싸워야 할 '적국의 병사'처럼 묘사되었다. 언론은 자극적인 프레임을 반복해 갈등을 부추겼고, 정부는 위기 대응이라는 명분 아래 젊은 의사들의 기본권을 거리낌 없이 제한했다.

2024년 12월 3일에 발표된 계엄 포고령에 '전공의 처단'이라는 표현이 포함되었을 때, 우리는 큰 충격을 받았다. 이는 그동안 정부가 의정 사태를 어떻게 인식해 왔는지를 명확히 드러낸 순간이었다. 한 관료가 "6개월만 버티면 정부가 승리할 것"이라 말했던 장면이 떠오른다. 그러나 1년여가 지난 지금, 누구도 승리하지 못했다. 정권은 교체되었고, 의료 인력 양성체계는 붕괴되었으며, 국민은 의료 공백으로 인한 불편을 겪고 있을 뿐이다.

2024년 2월 초 발표된 의대 정원 증원 정책은 사실상 계엄의 전조였고, 결국 정권 몰락의 단초가 되었다. 그리고 2025년 6월 3일 대통령 선거 이후, 우리는 새로운 시대를 마주하고 있다. 이제 의료 정책의 방향과 철학은 근본적으로 재정립되어야 한다. 사회적 요구를 반영하고, 전문가 집단의 전문성을 존중하며, 의료의 질을 지켜내기 위한 철저한 계획 수립이 무엇보다 필요하다.

올해 봄, 고요한 교정을 거닐며 100년 전 "지금은 남의 땅—빼앗긴 들에도 봄은 오는가"라고 읊조린 시인 이상화의 시구가 떠올랐다. 이 시인의 물음은 백 년의 시간을 넘어, 오늘 우리 강의실 앞에서도 다시 울려 퍼진다. 교육의 터전은 처참히 무너졌고, 강의실은 깊은 침묵에 잠겨 있다. '빼앗긴 강의실에도 다시 봄이 찾아올까?' 아직 돌아오지 못하는 학생들을 기억하며, 그들이 돌아올 찬란한 봄을 기다린다.

기초의학자들은 대체로 "다른 사람에게 피해 주지 않고, 자신이 맡은 일만 성실히 수행하면 된다"는 생각을 가지고 있다. 동의하지 않을 이도 있겠지만, 나 역시 그런 사람 중 하나다. 그러나 현실은 달랐다. 이번 의정 사태는 상아탑에 머물던 한 과학자를 결국 뜨거운 서울의 아스팔트 위로 끌어냈다. 결국 우리는 사회의 한 구성원으로서 서로 영향을 주고받으며 살아가는 존재임을 깨닫는 순간이었다.

이제는 의료계 또한 질문을 던져야 할 때다. 그동안 우리는 과학으로서의 의학에 집중해 왔다. 학생들과의 대화에서 도달하게 된 중요한 내용 중 하나는 "의사는 생명을 다루는 전문가인 동시에 사회 속에서 법과 제도, 경제와 정치의 맥락을 이해해야 한다"는 것이다.

미셸 푸코(1926~1984)는 과거의 주권 권력이 '죽일 수 있는 권리'를 행사했다면, 근대에 들어서는 권력의 초점이 '살게 할 권리'와 '삶을 관리하는 권리'로 전환되었다고 말하며, 이를 '생명정치(biopolitics)'라는 개념으로 설명한다. 이러한 관점은 보건의료가 현대 정치에서 핵심적인 통치 수단으로 작동하게 되었음을 보여주며, 자연스럽게 정권들이 의료 정책에 깊은 관심을 가질 수밖에 없는 이유를 설명해 준다.

이제 의사에게는 단순히 국민의 생명을 돌보는 임무를 넘어, 사회 전반을 이해하고 설계할 수 있는 역량까지 요구된다. 따라서 의사 양성 과정에서는 환자 치료를 위한 의학 지식뿐만 아니라, 의학이 생명정치 속에서 수행하는 역할 또한 함께 교육되어야 하며, 이는 현실 속 치열한 논증을 거쳐 정책으로 실현되어야 한다.

2025년 6월 대선에서는 모든 후보가 의정 사태의 직접적 원인으로 윤석열 정부의 정책 실패를 지적했다. 소통 없이 밀어붙인 의료 정책은 결국 의료계의 강한 저항에 부딪혔고, 국민은 의료 공백으로 큰 불편을 겪었으며, 의사 양성체계는 붕괴 직전까지 내몰리고 있다. 그 결과, 지난 1년간 발생한 의료 공백 사태로 인한 재정 손실은 3조 3000억 원에 달하는 것으로 추산되었다. 만약 이 막대한 자금이 갈등과 혼란을 수습하느라 단순히 사라진 기회비용이 아니라, 의료 인프라 확충과 교육 개선에 사용되었더라면 국민에게 더 나은 의료시스템을 제공할 수 있었을 것이다.

이번 의정 사태는 단지 제도와 정책의 실패가 아니라, 우리 사회의 신뢰라는 토대를 송두리째 흔든 사건이었다. 정부와 의료계 사이의 불신, 교수와 학생 그리고 전공의 사이의 단절, 나아가 의사와 환자 사이의 관계마저 흔들리며 환자 중심의 신뢰 기반 진료가 위협받는 상황에 이르렀다. 신뢰가 무너지면 교육도, 진료도, 협력도 모두 무너진다.

새로운 지도자도 선출되었고, 이제 그 오류를 바로잡고 무너진 교육 현장을 복구해야 할 시점에 와 있다. 그 첫걸음은 바로 신뢰 회복이다. 학교를 떠나 있는 학생들이 돌아와 정상적인 교육이 진행될 수 있도록, 젊은 학생들의 마음을 토닥여 주는 큰 어른의 모습을 정부가 먼저 보여야 한다. 공감과 경청이 바탕이 될 때 비로소 정부와 의료계는 국민 건강을 위한 파트너로서 새롭게 협력할 수 있으며, 대한민국 의료의 미래도 건강하게 그려질 수 있을 것이다.

이 모든 과정은 정치적 판단이 국민의 생명과 직결된 영역에 미칠 수 있는 무게를 다시금 일깨워 주었다. 잃어버린 시간과 무너진 신뢰, 그리고 멈춰 섰던 교육의 현장을 떠올리며 우리는 그 교훈을 결코 잊지 말아야 한다.

유 임 주

- 고려의대 해부학
- 대한민국의학한림원 1분회
- 대한의사협회 학술이사 2024.05. ~ 현재
- 대한해부학회 이사장 2021.10. ~ 2023.10.
- 고려대학교 의학도서관장 2020.01. ~ 2023.10.

차례

발간사   4

프롤로그   대혼란의 서막: 빼앗긴 강의실에도 봄은 오는가 •유임주•   10

제1부
의사들이 떠난 자리: 대혼란의 현장 기록

의대 입학 정원 2,000명 증원이라고? •강구정•   23

2024년 의정 사태의 교훈을 되새기며 •홍성태•   43

전공의 사직 사태와 한국 의료의 민낯 •정진행•   53

전공의가 떠난 병원, 무너진 신뢰의 의료 •신상진•   59

의정 갈등과 공공의료기관 •임재준•   65

중증, 필수의료가 확실한 병원 •안영근•   69

의정 갈등이 부른 의학교육의 위기 •김치대•   75

제2부
2,000명 논란의 본질: 비과학적 정책과 시스템 비판

의사 인력 양성 정책을 바라보며 •왕규창•   85

의대생 증원 정책과 과학적 근거 •박혜숙•   95

2,000명 증원, 의료 현장의 균열 •박광성•   103

필수의료 패키지는 왜 독이 되었나? •이주영•   109

'비커 속의 개구리' 한국 의료, 어떻게 될 것인가?:
소통과 공감을 바탕으로 집단 지성 발휘해야 •김한중•   116

일차의료의 침묵: 의정 갈등 속에서 잊혀진 필수의료의 목소리 •조비롱•   128

의료 플랫폼을 지키려는 노력의 부족 •장철훈•   134

의정 사태 동안 난생 처음 '고발'을 해보고 •김나영•   142

의료 백년대계? 이제는 먼저 냄비 속에서 탈출할 때 •한상원•   149

제3부

깊은 내상과 성찰: 전문직 윤리, 그리고 무너진 신뢰

의대 정원 논의와 지식인의 책무 • 양은배 •　161

의학교육은 무거운 것이다 • 전우택 •　167

방사선종양학 교수로서 지난 1년을 돌아보며 • 김용배 •　174

의학 연구가 꺼지면, 의료의 미래도 꺼진다 • 임태환 •　181

의정 사태의 본질과 향후 대책 • 이영호 •　185

의사 사회는 회복할 수 있을 것인가? • 최안나 •　191

절망의 재에서 피어나는 희망 • 노혜린 •　200

이타(利他)행위의 진실 • 안윤옥 •　208

제4부

갈등을 넘어 미래로: 지속 가능한 의료개혁 제언

현재진행형인 의정 갈등, 현재완료형이 되려면 • 김인겸 •　229

의료계 갈등을 어떻게 봉합할 수 있을까 • 김율리 •　237

지역의료 격차 해소를 위한
지역의료 인재 파이프라인 정책의 중요성 • 이종구 •　248

의대 증원과 함께 해결되어야 할 문제점은? • 정명호 •　258

의정 갈등, 의학교육 현장에 남겨진 과제 • 편성범 •　263

의학한림원에 바란다 1 • 박정현 •　269

의학한림원에 바란다 2 • 최은석 •　272

에필로그　멈춰 선 시계와 미래의 과제:
　　　　　'의정 사태' 1년을 돌아보며 • 이영환 •　278

제1부

의사들이
떠난 자리:
대혼란의 현장 기록

의대 입학 정원
2,000명 증원이라고?

· 강구정 ·

슈바이처나 장기려 박사와 같이 가난하고 어려운 환자를 위해 헌신하거나 의학 연구에 일생을 바치겠다는 각오로 의과대학에 입학한 학생들은 졸업하기도 전에 그 꿈을 접는다. 물질만능주의의 현실을 목도하고 의료 현장의 현실을 체감한 졸업생들은 응급 환자가 적고 야간 당직이 없으며 수련이 수월하면서도 전문의 취득 후 높은 수익을 기대할 수 있는 진료과에 들어가기 위해 치열하게 경쟁한다. 일부는 전문의 과정을 거치지 않고 곧바로 피부미용이나 성형수술 전선에 뛰어들고 있다.

해부학, 생리학, 생화학, 약리학, 미생물학 및 면역학 등 기초의학을 전공하여 의학 연구에 나서려는 졸업생은 수년간 극소수에 불과하다. 소위 '필수의료'라 불리는 흉부외과, 외과, 산부인과, 소아과 등 힘든 진료 과목에 지원하는 졸업생 역시 드물다.

이러한 현상이 수십 년간 이어지면서, 필수의료를 담당할 의사가 절대적으로 부족한 실정이다. 그나마 배출된 해당 분야 전문의들조차 전공한 분야에서 일할 자리를 찾기 어렵다. 야간 응급 환자를 진료하며 고된 업무를 감당해도 적게 일하는 타 진료과에 비해 상대적으로 낮은 급여를 받거나, 개원 후 운영을 지속하지 못해 결국 의원을 폐업하고 요양병원이나 다른 분야로 옮기는 사례가 많다.

이처럼 의사들이 쌓아올린 성과와 노력에도 불구하고, 정부는 이들을 의료개혁의 대상으로 삼았다. 의료계와 논의 없이 필수의료 지원자를 늘리겠다며 의과대학 입학 정원을 대폭 증원하겠다고 발표한 것이다.

2024년 2월 6일 보건복지부는 붕괴 위기에 처한 의료 현실을 타개하겠다며, 현재 3,058명인 의대 입학 정원을 이듬해부터 매년 2,000명씩 늘려 연간 5,000명 이상의 신입생을 선발하겠다고 발표했다. 10년 후 1만 명 이상의 의료 인력 부족에 대비해야 한다는 이유에서였다.

입학전형 고시는 법에 따라 2년 반 전에 공지되어야 함에도, 정부는 '개혁'이라는 명분 아래 이를 무시하고 다음 해부터 곧바로 시행하겠다고 밝혔다. 보건복지부 장차관, 국무총리, 그리고 윤석열 前대통령까지 나서 의료개혁은 단 하루도 늦출 수 없다고 수차례 국민 앞에 선언했다.

열악한 의료시스템 속에서도 세계적 수준의 의료를 일궈낸 의사들을 개혁의 대상으로 삼는 정부를 어떻게 이해해야 할까? 갑작스러운 의대 정원 증원 선언에 의료계, 특히 전공의들과 의과대학생들은 한 달 가까이 조용하지만 강력히 저항해 왔다. 의과대학생들은 대거 휴학계를 제출했고, 캠퍼스에는 봄이 왔지만 의과대학에는 냉기가 감돌고 있다. 전국 병원의 전공의들 역시 사직서를 내고 병원을 떠난 상태다.

과거 독재정권 시절에는 학교와 거리에서 확성기로 구호를 외치며 시위를 벌였지만, MZ 세대의 저항 방식은 다르다. "우린 반대한다"며 일터를 조용히 떠난 그들은 다시 돌아오지 않는다. 외침조차 없다. '증원 정책을 철회하고 원점에서 재논의해야 한다. 그렇지 않으면 유급도, 전문의 취득도 개의치 않겠다'는 방식으로 저항하겠다는 것이다.

2월 19일부터 전공의들이 병원을 떠나기 시작했다. 이에 정부는 연일 강경 조치를 발표하며 대응에 나섰다. 전공의들에게 복귀 명령을 내렸고, 복귀하지 않을 경우 3개월간 면허를 정지하겠다는 경고를 연일 쏟아냈다. 실제로 복귀 명령서를 전공의 개별 가정에 송달했으나, 대부분의 전공의들은 이를 수취조차 거부했다.

전국 의과대학 교수협의회는 교수 사직 카드를 꺼내들었다. 서울대학교와 연세대학교 교수들은 정부에 2,000명 증원안을 재고할 것을 연일 촉구하며, 만약 전공의들에게 면허 정지 처분이 내려질 경우 교수 전원이 사직하겠다고 선언했다.

그리고 마침내, 말뿐이 아니었다. 3월 20일, 국무총리가 보건복지부 장관, 교육부 장관을 배석시킨 자리에서 각 대학별 입학 정원 증원 숫자를 공식 발표했다. 이는 저항하고 있는 의사들의 가슴에 쇠말뚝을 박는 조치였다. 발표된 증원안은 지방 의과대학에 파격적으로 많은 인원이 배정된 구조였다. 서울은 0명, 수도권 361명, 비수도권 1,639명. 정원이 49명이던 충북대학교와 76명이던 경상국립대학교는 모두 200명으로 증원되었다.

지방에 의과대학을 늘려 지방 무의촌에 근무할 의사를 양성하겠다는 정부의 발상과 의도가 무엇인지 알 수가 없다. 지방에 근무할 의사를 지방에서 기른다는 발상은 도대체 어디에서 나온 것일까? 대학 진학과 취업을 위해 젊은이들은 서울과 수도권으로 몰리고 있고, 전체 인구의 절반 이상이 서울과 경기에 거주하고 있다. 최근 10년간 서울과 경기 지역에는 6,000병상 이상이 추가되었고, 이곳에서 근무할 의사들이 실제로 부족한 상황이다.

정부는 연일 지방 거점 병원과 의학교육에 수천억 원을 지원하겠다는 계획을 발표하고 있다. 하지만 고속열차의 객실을 채우고 있는 사람들은 대부분 서울의 '빅5' 병원 진료를 받으러 가는 환자들이다. 이러한 현실에서, 정부의 발표는 정말 지방의료 개선을 위한 실질적 고려의 결과일까?

농촌 인구는 급감하고, 일부 군 지역은 소멸 위기에 처해 있다. 이런 상황에서 지방 의과대학에서 배출된 의사들이 과연 사라져가는 농촌이나 지방 소도시에서 일하게 될 수 있을까? 첨단 과학기술고. 정보가 지배하는 오늘날, 이러한 계획이 과연 현실적으로 가능한 일인가?

4월 10일 국회의원 선거를 앞두고 발표된 이 정책은, 표심을 얻기 위한 수단으로는 너무나 순진한 논리다. 역대 군사정부조차도 이런 식으로 의대 정책을 밀어붙이지는 않았다. 시설도 인력도 턱없이 부족한 '미니 의과대학'에 갑자기 200명의 학생을 받아서 어떻게 교육시킬 수 있단 말인가? 의료교육 현실을 조금이라도 경험한 사람이라면 한 학년에 200명을 교육하는 것이 얼마나 어려운 일인지 알 것이다.

박민수 보건복지부 차관은 해부용 시신이 부족하면 수입하는 것도 고려하겠다고 했다. 하지만 해부학 교수들은 해부 실습에서 시신을 다루는 데 있어 학생들에게 엄숙함과 경외심을 가르친다. 실습이 끝나면 모든 학생과 교수는 함께 기증자와 그 가족을 위한 추모 예배나 추모식을 치른다. 이는 인간 존엄을 가르치는 의학교육의 중요한 일환이다. 그런데 시신을 어디서, 어떤 방식으로 수입할 수 있다는 것인지조차 불분명한 상황에서, 사람을 마치 물건 취급하는 듯한 공무원들의 태도에 의료인들은 혀를 찬다.

해부 실습은 상징적인 예에 불과하다. 생리학, 생화학, 세균학, 면역학, 분자생물학, 병리학 실습실에서 화학 반응과 동물생리 실험 등을 조교 인력조차 절대적으로 부족한 상황에서 어떻게 한두 명의 교수가 감당해 낼 수 있을지 상상이 가지 않는다.

2024년 4월 1일 오전 11시, 윤석열 대통령은 국민을 향한 담화를 51분간 발표했다. 의대 정원 2,000명 증원의 당위성을 설명하며 여러 통계를 나열했고, 국민들의 이해를 바란다는 입장을 반복했다. 대통령은 37차례에 걸쳐 의협과 협의했다고 주장했으며, 의사가 늘어나 수입이 줄어들 것을 걱정하는 것은 기우에 불과하다고 말했다. 또한 한국 의사들의 소득은 OECD 국가 중 1위라며, 의사들이 수입에 집착하여 증원에 반대하고 있다는 취지로 국민을 상대로 홍보했다.

정부가 인용한 국책연구소 세 곳의 보고서에 따르면, 10년 후 1만 명 이상의 의사가 부족하다는 분석이 제시되었다고도 밝혔다. 2,000명이라는 증원 숫자는 주먹구구식이 아니라 면밀히 계산해 도출한 '최소한의 수치'라고 강조했다.

보건복지부 관계자들은 "필요한 인력은 행정적으로 결정하는 것이지, 관련 단체의 동의를 구할 사안이 아니다"라고 수차례 언급해 왔다. 또한 병원을 이탈한 전공의들에 대해서는 법적 절차에 따라 처벌이 진행 중이며, 이들이 걱정하는 미래 수입 감소는 걱정하지 않아도 된다고 했다. 즉, 정부는 전공의들을 악마화한 것이다.

이에 대한 의협 회장의 공식 입장은 단 한마디였다.

"입장 없다."

이는 담화 내용이 언급할 가치도 없다는 의미로, 사실상 무시였다. 한 전공의는 "검사 출신 대통령이 결국 의사를 범죄자로 보고 있다는 것이 이번 담화를 통해 증명됐다"라고 말했다.

대통령의 담화 발표 이틀 뒤, 서울의대-서울대병원 교수협의회

비상대책위원회는 담화 내용을 검증하는 '팩트 체크' 형식의 반박 성명을 발표했다. 그중 주요 내용은 다음과 같다.

대통령 "현재 우리나라 의사들의 평균 소득은 OECD 국가들 가운데 1위입니다"

서울대 비대위 정부가 인용한 자료는 전체 의사가 아닌 개업의, 그것도 전문의 중심의 소득 자료이며 OECD 38개국 중 9개국만을 대상으로 한 비교 결과입니다. 심지어 연봉 세계 1위인 미국은 포함되어 있지 않았습니다(상위 16개국 자료 미제공). 실제로 우리나라 의사들의 평균 소득은 OECD 국가의 GDP 기준으로 환산하면 20위 수준에 불과합니다.

대통령 "영국과 독일의 의사 수는 우리나라보다 많습니다."

서울대 비대위 영국과 독일에서는 일반의를 만나기 위해 일주일 이상, 전문의를 만나기 위해서는 몇 달을 기다려야 합니다. 이런 시스템을 우리 국민이 원할까요? '공적 의료체계'라 해도 이들 나라의 의료체계는 우리나라와는 완전히 다릅니다. 이들 국가의 의사들은 공무원 신분이며, 국가가 인력 양성 비용을 전액 부담합니다. 진료량과 수입이 무관하므로 이들은 주 40시간 이상 일하지 않습니다. 이들은 오히려 업무 부담을 줄이기 위해 의대 증원을 요구하고 있습니다. 이런 의료를 바라는 것입니까?

대통령 "의대 증원 2,000명이라는 숫자는 정부가 정밀하게 산출한 최소한의 수치이며, 이는 의사 단체를 비롯한 의료계와 충분히 협의한 결과입니다."

서울대 비대위 2023년 10월 26일 연합뉴스에 발표된 보건복지부 자료와 조규홍 보건복지부 장관의 기자회견에 따르면, 2023년 10월 26일부터 의대별 수요 및 수용 역량 조사를 통해 "증원 여력이 있는 대학은 2025학년도부터 우선 고려할 것"이라고 했으며, "증원 수요는 있으나 추가적인 교육 역량을 확보해야 하는 경우는 대학의 투자 계획 이행 여부를 확인해 2026학년도 이후 단계적으로 증원할 것"이라고 밝혔습니다. 이처럼 계획했었던 합리적 접근을 무시하고 일시에 2,000명을 증원한 이유는 무엇입니까? 정부가 인용한 세 개의 연구보고서 책임자들조차 2024년 3월 7일 국회토론회에서 매년 2,000명씩의 급격한 증원이 부적절하다고 밝혔습니다.

해당 보고서는 다음과 같습니다.

1. 『미래 사회 준비를 위한 의사 인력 적정성 연구』(서울대학교, 홍윤철 교수, 2020년)

2. 『보건의료 인력 종합계획 및 중장기 수급 추계 연구』(한국보건사회연구원, 신영석 교수, 2020년)

3. 『2021년 장래인구추계를 반영한 인구 변화의 노동, 교육, 의료 부문 파급효과 전망』(서울대학교 산학협력단, 권

정현 박사(KDI), 2023년)

정부가 정말로 수치를 꼼꼼하게 계산해 산출했다면, 그 산
출 과정을 투명하게 공개해야 할 것입니다.

대통령 "현재 우리나라 의사 수가 부족한 현실은 상식을 가진 국
민이라면 누구나 동의하실 것입니다. 실제 연구 결과도 이
를 뒷받침합니다."

서울대 비대위 부족한 것은 의사 수가 아니라 필수의료(바이탈과) 분야에
종사하는 의사입니다. 서울 강남의 대로변을 한번 나가 보
십시오. 한 집 걸러 각종 병의원이 즐비해 있습니다. 그만
큼 우리나라는 전 세계에서 의사 진료를 보는 것이 가장
쉬운 나라입니다. OECD도 우리 나라가 세계에서 의사
진료 접근성이 가장 높은 나라라고 평가했습니다. OECD
영아사망률, 기대수명, 회피 가능 사망률 등 3개 건강지표
역시 세계 최고의 수준이며, 도시와 농촌 지역의 인구 밀
도 편차도 두 번째로 작은 나라입니다. 우리는 세계 최고
수준의 의료 이용률과 입원율을 보유하고 있습니다.

대통령 "37차례에 걸쳐 의사 증원 방안을 협의해 왔습니다."

서울대 비대위 보건복지부와 의료계는 총 28차례 만나긴 했지만, 의대
정원 규모에 대한 실질적인 논의는 한 차례도 없었다는
사실이 2024년 2월 23일 언론을 통해 보도된 바 있습니

다. 협의 과정에서 대한의사협회(이하 의협)는 단순한 증원 반대가 아니라 의료사고에 대한 부담 완화, 합리적인 보상체계, 전공의의 근무 여건 개선, 그리고 의대생 증원 시 교육의 질을 보장할 수 있는 구체적인 대책이 수반된다면 논의를 이어갈 수 있다는 입장을 밝혀 왔습니다. 또한 의협은 "환자들이 지역의료기관을 거치지 않고 수도권 대형병원으로 몰리는 유명무실한 의료전달체계 등 근본적인 대책 없이 공급만 늘리는 방법으로는 필수의료 및 지역의료 문제를 해결할 수 없다"고 지적했습니다.

대통령　　"정부는 이처럼 의대 정원을 늘려도 교육의 질이 떨어지지 않음을 여러 통계와 조사로 확인했습니다"

서울대 비대위　의학교육의 질을 3~4년마다 평가하는 국내 유일의 공식 기관인 한국의학교육평가원은 2024년 3월 25일에 발표한 성명에서 다음과 같이 밝혔습니다.

1. 한국의학교육평가원은 이번 의대 정원 증원과 관련된 논의나 조사에 전혀 참여한 적이 없습니다. 오히려 의과대학 입학 정원 증원이 일시에 대규모로 이루어질 경우, 교육의 질이 저하될 우려가 있음을 일관되게 지적해 왔음을 밝힙니다.

2. 각 대학의 교육 여건을 충분히 고려하지 않은 채 발표된 정부의 증원과 배분안은 지난 수십 년간 노력으로

축적한 한국 의학교육의 성과를 퇴보시킬 뿐만 아니라, 이러한 교육을 받은 졸업생들의 자질과 역량도 저하될 것이 자명합니다.

대통령　　"국민 여러분, 지금 정부가 추진하는 의료개혁은 국민 여러분을 위한 것입니다. 촌각을 다투는 환자들이 응급실을 찾아 뺑뺑이를 돌다가 길에서 사망하는 일이 벌어지고 있습니다."

서울대 비대위　　응급실 '뺑뺑이'의 근본 원인은 의사 수 부족이 아니라, 의료전달체계의 비효율성에 있습니다. 실제로 인구 10만 명당 응급의학과 전문의 수는 2014년 2.4명에서 2022년 4.8명으로, 96.2% 증가했습니다. 또한 우리나라 총 병상 수는 OECD 평균의 3배(세계 1위)에 달하며, 응급실과 중환자 병상도 부족하지 않은 상황입니다. 하지만 응급실 병상이 경증 환자들에 의해 점유되고 있어 정작 중증 응급 환자가 치료받을 공간이 부족합니다. 참고로, 치료받지 못해 길에서 사망하는 '회피 가능 사망률'은 우리나라가 OECD 국가 중 가장 낮은 수준에 속합니다.

대통령　　"아이가 아프면, 새벽부터 병원 앞에 줄을 서야 합니다."

서울대 비대위　　최근 10만 명당 소아청소년과 전문의 수는 2010년 68.9명에서 2020년 115.7명으로 67.9% 증가했으며, 반면 15

세 미만 아동 인구는 지난 20년 동안 절반 가까이 줄어들었습니다. 이른바 '소아과 오픈런' 현상의 본질은 소아청소년과 진료의 낮은 수가와 정상적인 의료에 대한 민형사 소송 위험성이 커지면서 많은 전문의들이 소아 진료를 기피하고 있기 때문입니다. 실제로 2021년 기준 소아청소년과 전문의 7,492명 중 약 6,000명만이 소아청소년과 진료에 참여하고 있습니다.

대통령   "비수도권 지역은 더 열악합니다. 가까운 곳에 산부인과가 없어서 진료와 출산을 위해 병원 원정을 나서는 지경입니다."

서울대 비대위   OECD 통계(2021년 기준)에 따르면, 도시 대비 농촌의 의사 수 비율 평균은 71%이고 우리나라는 이보다 높은 81%(2019년 기준)입니다. 비수도권에 산부인과가 사라지는 근본적인 이유는 산모와 환자 수가 줄어, 산부인과 운영이 불가능하기 때문입니다. 지역 산부인과 진료를 유지하기 위해서는 지금처럼 민간 의료와 보험급여 제도에 의존하는 게 아니라, 국가가 충분한 공적 자금을 투입해 24시간 운영이 가능한 별도의 공공 의료시스템을 갖추는 것이 필수적입니다.

대통령   "정부의 의료개혁은 필수의료와 지역의료를 강화해서 전국 어디에 살든, 어떤 병에 걸렸든, 모든 국민이 안심하고 치료받을 수 있는 의료 환경을 만들기 위함입니다. 그러려면 의사가 더 많이 필요합니다."

서울대 비대위　모든 국민이 안심하고 치료받을 수 있는 의료 환경을 만들기 위해서는 단순히 의사 수만 증원하는 것이 아니라 필수의료(바이탈과)의 의료수가를 정상화하고, 정상적인 의료행위에 대한 법적 보호를 보장하며, 지역의료 인프라에 대한 실질적인 투자가 이루어져야 합니다. 바로 옆에서 함께 진료하던 동료가 진료 현장을 떠났습니다. 이 동료가 다시 현장으로 돌아올 수 있도록 시스템을 먼저 개선해야 합니다. 그래야 필수의료와 지역의료가 점차 살아날 것입니다. 정부가 의대 증원에 투입하려는 재정을 우선 이러한 시스템 개선에 집중적으로 투자하고 그에 따른 의사 인력의 실제 재배치 결과를 면밀히 관찰한 뒤, 이 데이터를 기반으로 적정 의사 수를 산출하여 의대 정원을 조정해도 결코 늦지 않습니다.

대통령　"증원에 반대하는 이유가 장래 수입 감소를 걱정하는 것이라면, 결코 그렇지 않습니다."

서울대 비대위　의료계가 '수입 감소'를 우려해 증원에 반대한다고 보는 정부의 시각은 사실과 전혀 다릅니다. 의사들은 소득을 걱정하여 정부의 이번 방침을 반대하는 것이 아닙니다. 과학적 근거 없이, 사회적 합의 없이, 졸속으로 추진되는 정책이 우리나라 의료체계의 붕괴를 가져올 것이기 때문에 반대하는 것입니다. 의대 정원을 필요 이상으로 무리하게 늘리는 것은 결국 사회적 비용과 의료 비용의 과다한 증가, 의료의 질 저하로 이어질 것입니다.

그동안 논의되어 온 내용과 통계 자료가 왜곡된 채, 대통령이 대국민 담화에서 별다른 추가 설명 없이 장시간을 할애해 직접 발표한 것은 겉으로 보기에는 의료개혁에 대한 의지를 천명하는 행보처럼 보일 수 있다. 하지만 시점이 국회의원 선거를 불과 열흘 앞둔 때였던 만큼, 표심을 겨냥한 정치적 의도가 다분히 엿보인다.

문제는 담화의 내용이다. 팩트 체크조차 거치지 않은 허위 데이터가 포함된 메시지를 국민들에게 공식적으로 발표하는 것이야말로, 의사 집단에 대한 명예훼손이 아니겠는가? 여론조사에서 국민의 70~80%가 의대 정원 증원에 찬성한다고 하여, 그에 발맞춘 강경 메시지를 발표하면 선거에 유리할 것이라는 계산이 있었던 것으로 보인다. 그러나 이런 방식은 오히려 의료계, 특히 젊은 의사들과 의대생들과의 갈등만 더욱 심화시키며 대통령의 '불통' 이미지만 더 강화했을 뿐이다.

담화 발표 다음 날, 한 시사 만화에서는 윤 대통령이 몇몇 참모들과 소주잔을 기울이며 회식 중인 장면을 풍자했다. 거기에서 오간 대화가 참으로 재미있다.

비서	이재명 대표가 계산하고 가셨습니다.
윤 대통령	어? 재명이가 왜?
비서	그냥 고맙대요

이는 단순 유머가 아닌, 야당 대표와 비교해 검사 출신 대통령이 현 상황을 얼마나 오판하고 있는지를 풍자적으로 비판하고 있다.

4월 5일, 윤석열 대통령은 부산대학교병원을 방문해 정성윤 병원장의 안내로 1층 권역외상센터 응급실을 둘러본 뒤, 의사 및 간호사 등 의료진에게 "환자 곁을 지켜주셔서 감사하다"고 인사를 전했다. 이어진 의료진과의 간담회에서는 "부산대병원 권역외상센터가 훌륭한 실력을 갖췄으나 수도권과 비수도권의 의료서비스 접근성 격차는 여전히 크고, 특히 비수도권의 필수의료는 더욱 취약해졌다"며 의료시스템의 근본적인 개편이 필요하다고 강조했다.

이 자리에서 정 병원장은 "부산대병원이 공간 부족 문제를 안고 있다"며, 지역 거점 병원으로서 역할을 확대하기 위해 7000억 원 규모의 병동 신축 비용 지원을 요청했다. 이에 윤 대통령은 바로 그 자리에서 "7000억원 전액을 지역 필수의료 특별회계를 통해 지원하겠다"고 말했다. 그러나 이와 같은 거액 지원 약속은 정책적 심사나 재정계획에 대한 고려 없이 이루어진 즉흥적 행보로, 명백히 정치적 성격을 띠고 있다.

부산대병원 권역외상센터는 더불어민주당 이재명 대표가 지난 1월 흉기 피습을 당한 뒤 구급 헬기를 이용해 서울대병원으로 이송

됐던 곳이다. 당시 이 대표는 중증외상 환자 치료가 가능한 부산대병원을 두고 서울대병원으로 옮겨간 것에 대해 '의료 쇼핑', '갑질' 논란과 '지방의료 무시' 비판을 받은 바 있다. 그런 민주당이 무시했던 부산대병원에 7000억원이라는 막대한 금액을 특별 지원하겠다며 즉흥적으로 약속하는 것이 합리적이고 정상적인 정치시스템은 아닐 것이다. 대통령이 '지방의료를 살린다'는 명목으로 국가 재정을 독단적으로 특정 국립대학병원에 투입하는 것이 과연 정당한 결정인가? 그렇다면 더 낙후된 다른 시도별 7개 지방 국립대학병원이나 사립대학병원은 어떻게 할 것인가?

예를 들어 동산병원은 수년간 직원들에게 허리띠를 졸라매게 하여 얼마되지 않은 수익을 매년 저축해 왔고, 그렇게 모은 2,000억 원에 2,000억 원의 융자를 더해 총 4,000억 원 규모의 신축 건물을 짓는 데 투입하여 10여 년에 걸쳐 2019년에 완공했다. 심지어 코로나19 확산 당시, 국립대학이나 공공기관 대신 감염 환자들을 위해 구 동산병원을 통째로 감염병 전담병원으로 제공하며 희생을 감수하기도 했다.

이처럼 사립대학병원이 수익과 경쟁 속에서도 국가적 재난 속에서 공공의료 역할을 감당하고 있는 현실에서, 동산병원 건립 비용의 거의 두 배에 달하는 7000억 원이란 자금을 하루아침에 뚝딱 지원하겠다는 약속은 다른 의료인과 지역 병원 관계자들에게 허탈감을 안겨줄 수밖에 없다.

만약 그날 저녁 윤 대통령이 참모들과 또 다시 회식 자리를 가졌다면, 시사 만화처럼 이재명 대표가 조용히 나타나 다시 한번 술값을 계산하고 갔을지도 모르겠다.

2024년 4월 10일, 국회의원 선출을 위한 투표가 실시되었다. 투표에 임하는 많은 의료인들은 야당과 같은 생각으로 이 정권을 단단히 심판하겠다는 의지를 갖고 있었다. 국민들 역시 그동안 다른 정치적 사안들에서 드러난 내로남불, 일방 소통, 대통령의 독단적 행보에 등을 돌리며 정권에 대한 책임을 묻겠다는 분위기가 팽배했다. 웬만한 도덕적 해이조차도 '정권 심판'의 흐름 속에 묻혀버릴 정도였다.

오후 6시, 방송 3사가 발표한 출구조사에서는 더불어민주당이 178~197석, 국민의힘은 85~105석을 확보할 것으로 예측됐다. 비례대표를 포함할 경우, 야권이 힘을 합치면 개헌과 대통령 탄핵도 가능한 200석을 훌쩍 넘길 것이란 전망이 나왔다. 나는 개표 방송을 지켜보다가, 다음 날 새벽 출장을 떠나야 했기에 밤 11시에 잠자리에 들었다. 4월 11일부터 3일간 대전컨벤션센터에서 대한내시경로봇외과학회 주관으로 대한내시경복강경외과학회 춘계 학술대회가 예정되어 있었고, 첫 세션이 시작되는 8시 30분 전에 도착해야 했기에 6시 50분 동대구발 열차를 예약해 둔 상황이었다.

새벽 5시 일어나 개표 결과를 확인하니 출구조사와는 차이가 있었고, 국민의 힘이 107석을 가져갈 것으로 예측됐다. 어느 정도 후련함도 있었지만, 한편으로는 대통령 탄핵과 개헌 저지선이 지켜졌다는 점에서는 안도감도 들었다. 나는 대통령의 행보에 실망했지만,

그렇다고 국가가 혼란에 빠지는 것은 원치 않았기 때문이다.

'대통령의 불통과 불공정에 대한 심판'이란 기치를 내건 더불어민주당과 조국혁신당은 범죄 이력이나 막말 파동, 비리 등이 드러난 상황임에도 불구하고, 더불어민주당의 깃발로 국민의힘 여러 거물을 쓰러뜨리고 야당의 절대다수가 국회의원으로 선출되었다.

이번 총선에서 참패한 국민의힘과 윤 대통령 정권은 앞으로 정치적으로 험난한 길을 걷게 될 것이라는 전망이 정치권 곳곳에서 제기되었다. 여권의 참패 주요 원인은 대통령의 불통이라고 평가된다. 대통령 본인도 이를 아는 듯하지만, 선거 직후 일성에서 내 뜻을 국민들이 몰라서 그렇다고 볼멘소리를 했다. 대통령은 야당에 먼저 손을 내밀고는 있지만 정치적 쟁점들에 대한 기존 입장을 고수한 채, 의대 정원 증원 정책 역시 기존 기조를 전혀 바꾸려 하지 않고 있다.

이미 교수들이 필수의료 현장을 떠나겠다고 선언하고 있으며, 실제로 한 사람씩 의료 현장을 떠나가고 있다. 위중한 환자들과 암 환자들이 불안에 떨며 타협을 호소하고 있는데도, 대통령은 요지부동이다. 왜 갑자기 증원해야 하는지에 대한 논리가 빈약하면서도 물러서지 않고 내년도 의대 입학 정원 증원 정책을 진행하고 있다.

의료계를 향해서는 합리적인 안을 가져오면 논의하겠다고 반복적으로 말하고 있으나, 정작 의료계와 의대생, 전공의들은 "원점 재논의가 전제되지 않으면 협상 테이블에 앉을 수 없다"며 뜻을 굽히지 않고 드러누워 있다.

정부는 의료개혁을 한시도 늦출 수 없다고 애초에 선언했다. 하지만 과연 10년 후에나 배출될 의사 인력의 증원이, 단 하루도 늦출 수 없는 시급한 사안일까? 최근 정부는 의료계 통일안을 내면 2026년에는 의대 정원 증원에 대해 재논의가 가능하다고, 의료계를 달래는 듯한 새로운 제안을 내놓았다. 만약 정부 스스로 '한 해만 증원하고 다음 해는 조정할 수 있다'고 생각한다면, 왜 지금 논의하지 못하는가? 한 번 밀어붙인 결정을 철회하지 못하는 자존심 때문은 아닌가? 국민을 위한다면, 지도자는 자신의 자존심부터 내려놓을 수 있어야 할 것이다.

마주보고 달리는 두 열차가 충돌하면 어떤 일이 벌어질지 뻔히 알면서도 멈추지 못하는 지금의 상황에서, 그 철로 위에 앉아 불안에 떠는 국민들은 어찌할 것인가?

학교와 병원을 떠나 드러누워 있는 학생들과 전공의들의 미래는 어떻게 책임질 수 있는가? 무너지고 있는 젊은 인력 교육시스템, 그리고 그들이 느끼는 절망과 패배감을 어떻게 회복시킬 수 있을까? 집단적 우울감에 빠진 교수들과 필수의료 인력들, 그들의 패배감이나 앙칼진 눈빛으로 과연 환자에게 따뜻하게 다가갈 수 있겠는가? 학생들과 전공의들이 다시 돌아온다면 우리는 어떤 모습으로 그들을 마주하고, 어떻게 가르치고 격려해야 하는가?

나는 어느 사안에 대해서도 뚜렷한 대안을 제시할 수 없다. 다만 의료계를 향한 원망을 억누른 채 환자 앞에서는 밝은 표정을 가장하고, 진료실에 들어서는 이들의 마음을 받아주며, 때론 손을 잡아

주고, 수술 일정을 최대한 확보해 최선을 다할 뿐이다.

정치권과 의료계가 마주 앉아 협의함으로써 우리가 함께 쌓아온 빛나는 한국 의료가 여기서 멈추지 않고 더욱 발전하여, 모든 국민이 세계 최고 수준의 의료서비스 혜택을 안정적으로 누리고, 더 오래 건강하게 살아가며 더 행복한 사회로 나아가는 데 기여할 수 있기를 바랄 뿐이다.

강 구 정

- 계명의대 외과학
- 의학한림원 5분회
- 한국간담췌외과학회 회장 2017.04. ~ 2018.03.

2024년 의정 사태의
교훈을 되새기며

· 홍성태 ·

윤석열 정부가 저지른 정책적인 실패 또는 오판에 의한 잘못은 많지만, 그중에서도 의대 정원의 무리한 증원으로 촉발된 의정 사태는 가장 심각하고도 대표적인 잘못이다. 이 사태는 여전히 진행 중이며, 이로 인해 입은 의료계의 손상이 언제 회복될 수 있을지 아득하게 느껴질 뿐이다. 이 문제는 반드시 잘 정리해 기록으로 남겨서 향후 다시는 같은 오류가 반복되지 않도록 교훈으로 삼아야 한다. 여기에는 참으로 많은 내용이 포함되지만, 몇 가지 핵심 교훈으로 정리할 수 있다.

첫 번째 교훈은 우리나라 고위 공직자들의 정치 또는 행정 만능 즈의적 집단사고다. 이번 의정 사태는 국민의 일상에 깊이 관여하는 초전문 영역인 의료의 근간을, 정치적 판단에 기반한 행정력으로 억지로 밀어붙이려다 엄청난 국가적 혼란을 초래한 사건이다. 대통령, 국무총리, 장관, 차관들이 모두 이치에 닿지 않는 억지 논리를 내세우며 의료계의 반발을 집단 이기주의로 몰아세우고 강압한 결과는 너무나 참담했다. 이는 준비 없이 급작스럽게 탈원전을 추진해 막대한 국가적 손해를 초래한 문재인 정권의 에너지 정책과도 닮았다. 국민을 편안하고 행복하게 하라고 위임받은 권력을, 오히려 국민을 괴롭히는 데 사용하는 중대한 잘못을 범한 것이다.

두 번째 교훈은 소통의 부재다. 정부가 의대 정원 증원 정책안을 발표했을 때, 의료계는 이미 그 이전부터 대화를 통해 정리된 '정원의 약 10% 수준의 소폭 증원안'을 제시하며 신중하게 접근하기를 요청해 왔다. 그러나 정부는 이를 전혀 귀담아듣지 않은 채, 오직 '2,000명 증원'이라는 입장만 반복하며 일방적으로 밀어붙였다. 당장 지역 불균형과 전공 과목 편중 해소를 위해 대규모 증원이 필요하다고 주장하면서, 국고를 들여 대대적인 홍보까지 나섰다. 국민이 위임한 권한을 독단적으로 사용하는, 이른바 '마이 웨이(My Way)'식 독불 선언이었다. 추측하건데, 이는 결국 검찰 출신 정부의 한계이며 애초부터 의료계의 의견을 들을 의사조차 없었던 것으로 보인다.

세 번째 교훈은 현재 국가 지도급 인사들의 대학과 대학교육에 대한 철학과 개념의 부재다. 대학이 국가적으로 무슨 역할을 하고 있는지, 그 많은 고위 공직자 가운데 단 한 사람이라도 제대로 인식하고 있었다면 전국의 대학 총장과 학장을 이런 식으로 취급하지는 않았을 것이다. 이번 사태로 대한민국에서 대학의 위상이 얼마나 초라한지 민낯이 드러났다.

현재 대학 등록금을 정부가 근거도 없이 16년째 동결하고 있어서 국가별 대학평가 순위가 해마다 낮아지고 있다. 특히 사립대학에 대한 규제는 사실상 거의 불법적인 횡포에 가깝다. 법률가나 경제학 전공자 중심으로 구성된 지금의 정치권과 행정부 고위 인사들은 국내 대학을 행정부의 말단 산하기관쯤으로 여긴다. 현대사회에서 한 국가의 경쟁력 가운데 가장 큰 비중을 차지하는 것이 바로 '대학의 경쟁력'이라는 사실을 전혀 인식하지 못하고 있다는 점이 문제의 핵심이다.

그동안 교육부의 비대함과는 대조적으로 대학은 점차 위축되어 경쟁력을 계속 잃어가는 중인데, 이번 의정사태가 그 단면을 재확인시켜 주었다. 언제부터 장관이 각 대학의 학생 출결, 휴학, 복학, 유급, 제적 문제까지 직접 나서서 챙기기 시작했는가? 학장이 학생의 휴학을 승인했다는 이유로 일주일간 대학을 감사하는 것이 과연 정상인가? 장관이 총장과 학장을 무시하는데, 학생이 과연 대학의 교육을 존중하고 따를 수 있겠는가?

과연 교육부 장관은 우리나라 대학교육이 국가의 미래를 좌우한다는 인식이나 철학을 갖고 있는 것일까, 의심스럽기만 하다. 정부는 학칙을 지키지 않고 학생 교육을 부실하게 하는 대학에 대해서는, 제대로 하라고 감독하는 것이 마땅하다. 그러나 반대로 학칙을 준수하면서 학생을 성실히 교육하겠다는 대학에 대해, 오히려 수업에 참여하지 않는 학생을 먼저 진급시키라고 압박하고 교육 여건이 갖춰지지 않은 상황에서도 무작정 학생을 밀어넣으며 그 책임까지 대학에 전가하는 행태는 결코 정부가 해서는 안 될 일이다. 이번 사태를 통해 대통령이나 장관이라고 해서 대학교육을 함부로 흔들어서는 안 되며, 그러한 태도는 오히려 국가 발전에 해가 된다는 큰 교훈을 얻었어야 한다.

네 번째 교훈은 의학교육의 정치적 오염이다. 정부가 진심으로 의학과 의학교육의 발전을 도모하고 훌륭한 의사를 많이 양성하여 국민이 양질의 의료서비스를 제대로 받게 할 정책을 펼 의도였다면 교육 역량이 우수한 대학을 찾아서 증원했어야 한다. 또한 지역별로 의료 자원의 편차를 면밀히 분석하고, 각 대학의 교육 여건을 감안해 세심하게 증원했어야 한다. 그런 의미에서 보면 이번 사태는 애초 접근부터 정치적 계산에 오염된 결정임이 분명하다.

마치 제2차 세계대전 이후 아프리카 신생국의 국경선을 지도에서 자로 그어 나누었던 것처럼, 현지 실정을 전혀 고려하지 않고 정원을 기계적으로 배정한 이번 조치는 국무총리와 주무 장차관들이 부끄러워 얼굴도 들지 못할 수준의 졸속 행정이다.

그런데도 관련 고위 공직자 중 누구 하나 부끄러움을 느끼는 기색조차 없다는 사실은 차라리 코미디에 가깝다. 이러니 교수, 전공의, 의대생 모두가 극단적인 자기 희생을 감수하면서까지 정부 방침에 반대할 수밖에 없었던 것이다. 더구나 의대 입학 정원이 단지 의학교육만의 문제가 아님을 국민 대부분이 안다. 자연과학과 공학은 물론, 인문계의 고급 인재 수급에까지 직결되는 국가적인 문제라는 것을 정부 고위 공직자들만 모른다.

정치적 오염의 또 다른 증거는 '지역별 공공의대 신설' 추진이다. 이 의정 사태가 한창인 와중에도 정치권은 막대한 국고를 투입해 새로운 국립 의과대학을 지역에 설립하겠다는 의지를 드러내고 있다. 그러나 우리나라에는 40개의 의대가 있으며, 인구 규모와 국토 면적을 고려할 때 이는 이미 넘치는 수준이다. 부족한 것은 대학이 아니라 의사 인력이며, 이는 기존 의대의 정원을 조정하는 것으로 충분히 해결 가능하다.

공중보건장학생 제도 역시 수십 년간 시행되어 왔지만 실효성이 떨어져 고민하고 있는 제도다. 그런데도 정부는 이를 확대하겠다며 국고를 투입해 더 큰 헛수고를 벌이려 하고 있다. 만약 실제로 의과대학을 신설한다면, 이를 주도하는 정치인이나 장관은 사실상 '국고 도둑'이나 다름없으며, 그들을 지켜볼 수밖에 없는 국민의 마음은 참으로 답답할 수밖에 없다. 우리나라는 대부분의 분야가 다 선진으로 가고 있는데 정치만은 여전히 후진으로 남아 사회 전체의 발목을 잡고 있다는 지적이 이번 사태에도 그대로 들어맞는다.

다섯 번째 교훈은 의학 분야 내부의 우물 안 개구리식 사고와 행동이다. 의학계 여러 단체는 각자의 입장만 고수한 채 편향된 시각에 의한 주장만 반복하고 있으며, 의견을 모을 주체도 불분명하고 역량도 부족하다. 의협은 의학 분야의 법적 중앙단체이기는 하나 개원의 중심의 이익집단으로 변질된 지 오래여서 의료계 전체를 아우를 구심력을 잃었다. 그래도 의료인들끼리 비공식적으로 모여 대화를 나누면 의견이 대체로 일치되지만, 그 목소리는 밖으로는 설득력을 얻지 못하고 실제 법령이나 정책으로 연결되지도 않는다. 결국 우리 안에서만 목소리를 높이다가 끝날 뿐이다.

이번 의정 사태에 대한 대응도 이러한 행태를 반복하고 있다. 이제는 의료계 각 지도자들이 마음을 열고 의견이 다른 사람을 포용하면서 내 주장과 다른 주장을 합의해야 내부 결속을 다질 수 있고, 더 현명하게 사회와 정부를 설득할 수 있는 방법을 찾을 수 있다.

또한 과거에도 있었지만 의료계 내부의 사이비 전문가 문제도 심각하다. 이른바 '전문가'를 자처하며 나선 일부 학자 출신 인사들이 이번 사태를 더욱 악화시켰다. 정부는 자기들이 듣고 싶은 말을 해 주는 이런 사이비 전문가의 의견만을 들은 채 '전문가 의견을 수렴했다'고 주장하며 면피하려 한다.

그동안 실제 의료계 내부에서도 증원이 필요하다는 목소리가 있었고, 전혀 근거 없는 이야기가 아닐 수 있다. 증원의 합당성, 적정 시기, 규모를 둘러싸고 다양한 관점이 존재하는 만큼, 정부가 진정으로 이 문제를 잘 해결하고자 한다면 토론의 장부터 마련하는 것이 정부의 역할이다. 관련 전문가들을 폭넓게 초청해 치열한 학술적 토론을 하게 하고, 그 의견을 바탕으로 최선책 또는 차선책을 만들어 정책으로 추진하면 된다.

그런데 정부는 시작부터 사이비 전문가들의 주장만을 근거로 정답을 만들어 놓고 강행했다. 문제의 복잡성과 중요성에 비해 지나치게 단순화된 접근이었다. 어려운 사안일수록 다양한 주장이 나오는 것이 정상이다. 그런 맥락에서 진정한 전문가라면 충분한 학문적 기반과 깊이를 바탕으로 자신의 의견을 내고, 다른 전문가들의 시각을 존중하며, 설득과 토론을 통해 공감대를 만들어가야 한다.

그러나 이번 사태에 관여한 일부 전문가들의 면면을 보면, 의대 정원에 대한 제대로 된 연구나 논문 하나 없이 주먹구구식으로 다른 연구자들의 글을 짜깁기해 만든 주장을 자신의 것인 양 내세우며 정부 입맛에 맞는 논리만 제공했다. 게다가 본인들이 사이비 학자인 줄도 모른 채 아는 척하며 공개적으로 나서기를 주저하지 않았다. 언론, 정치권, 정부 고위 인사들에게 이름과 얼굴을 알릴 좋은 기회를 잡기 위한 후안무치한 노력으로 보여 정말 서글프다.

이번 의정 사태로 인해 의대와 병원은 엄청난 물질적, 정신적, 사회적으로 심각한 타격을 입었다. 역량 있는 교수들이 대학을 떠났고, 전공의와 학생들은 진료 현장과 강의실을 뛰쳐나왔다. 이로 인한 사회적 여파는 이루 말할 수 없다. 굴지의 대학병원들이 입은 재정적 손실도 크지만, 그보다 더 심각한 것은 의료인들이 단체로 국민의 신뢰를 잃은 것이다.

그렇지 않아도 과거에 비해 의사에 대한 일반 국민과 환자들의 인식이 점차 악화되는 추세였는데, 이번 사태를 계기로 정치권과 정부가 의료계를 싸잡아 비난하면서 그 반감에 불을 붙였다. 이는 온전히 의료계가 감당하며 해결해야 할 문제이지만, 과연 잘 해결될지가 의문이다.

이런 때일수록 의료계는 원칙에 충실해야 한다. 지금 여러 사회 인사들과 의료계, 대학의 노력이 이어지고 있으니 시간이 좀 걸리더라도 학생과 전공의들은 다시 수업과 진료 현장으로 돌아올 것이다. 그러면 겉으로는 정상화된 모습을 보이고, 진료 현장은 아마도 빠르게 회복될 것이다.

하지만 이번 사태로 눈에 보이지 않는 깊은 내상이 크게 두 개가 생겼고, 이 깊은 내상은 회복되기까지 엄청난 시간이 필요하며 회복될지도 사실 미지수다.

첫 번째는 의학 연구의 붕괴다. 지금과 같이 대규모 인력 공백이 발생한 비정상적인 상황에서는 의학 연구를 제대로 수행하는 것이 사실상 불가능하다. 연구란 교수, 전임의, 전공의가 머리를 맞대고 창의적인 아이디어를 바탕으로, 수년에 걸쳐 자료를 수집하고 분석해 나가는 고도의 협업 과정이다. 진료와 교육이 어느 정도 회복된다 하더라도, 연구 활동이 정상 궤도에 오르기까지는 훨씬 더 많은 시간이 걸릴 것이다. 이미 상당수의 의학 연구가 무너지고 있으며, 큰 후퇴를 겪은 후에야 서서히 회복될 것으로 보인다.

실제로 가장 가슴 아픈 내상은 우리 의료계 내부에서 오랫동안 유지되어 온 존경과 사랑의 문화가 선후배 간의 이질감, 배신감, 상호 불신으로 단절된 데 있다. 교수나 선배는 제자나 후배로부터 존경을 받으며 가르치고, 후배는 선배를 능가하는 전문가로 성장해 다시 다음 세대를 사랑으로 이끄는 독특한 문화가 의료계에 자리

잡고 있었다. 이는 대학이나 전공에 관계없이 유지되어 왔지만, 이번 사태로 크게 무너졌다.

전공의나 학생이 교수나 선배를 서슴없이 정부의 앞잡이나 착취자로 비난하고, 교수는 이에 원색적인 용어로 꾸짖는 일이 난무했다. 선후배 간의 애정이나 의사 간의 동료애보다는, 비난과 책임 전가, 직역 간 이기심이 충돌하고 있다. 이렇게까지 훼손된 의료계 내부의 정신적 손상이 과연 회복될 수 있을지 걱정스럽다. 이것이야말로 윤석열 정부가 쏘아올린 속절없는 화살이 남긴 가장 깊은 상처다. 이 상처는 장기적인 후유증으로 남을 것이며, 새로운 문화가 정착되기까지 상당한 정신적 부담으로 남아 있을 것이다.

지금 국내 의료계의 현황은 마치 엉킨 실타래와 같다. 이를 풀어야 할 정치권과 정부 고위층은 자신들의 입지만을 고민하며, 의료 현안에 대해서는 진정성 없이 엉뚱한 접근만 반복하고 있다.

교수들은 자포자기한 상태로 위아래 눈치를 보며, 진료 현장에서 속수무책으로 전전긍긍하고 있다. 강의실로 복귀한 학생이든 아직 돌아오지 못한 학생이든, 의대생들은 대학이 자신들을 지켜 줄 능력이 없다는 사실에 절망하며 20대 청춘의 패기마저 잃고 있다.

전공의들은 불안한 상황 속에서 중단된 미래를 설계하지 못한 채 방황 중이다. 진료 현장에서 전공의가 제 역할을 하지 못한다면, 차세대 유능한 전문의는 어디에서 나올 수 있는지 정부와 정책 입안자들은 답해야 한다.

홍 성 태

- 서울의대 명예교수 기생충학·열대의학
- 대한민국의학한림원 고문
- WHO Regional Program Review Group on NTDs
  2016 ~ 현재
- 대한의학회 간행이사, JKMS 편집인 2009 ~ 2024
- ICMJE 위원 2016 ~ 2023
- 서울대학교 의과대학 기생충학·열대의학 교수 1986 ~ 2020

전공의 사직 사태와
한국 의료의 민낯[*]

· 정진행 ·

정부의 의과대학 입학 정원 대폭 증원 발표, 이에 따른 전공의들의 사직서 제출, 의대생들의 집단 휴학, 그리고 의과대학 교수 및 의협의 대응 등으로 한국 의료는 미증유의 혼란 상황을 겪고 있다. 이 문제를 촉발한 정부는 자유민주주의 국가인지 의심스러울 정도의 거친 언사를 연일 쏟아내며, 주무 부처인 보건복지부는 물론 교육부, 행정안전부, 경찰청 등 공권력을 총동원해 압박의 강도를 높이고 있다. 그러나 정작 1차적인 타깃이 된 전공의들은 극소수를 제외하고는 여전히 사직 상태를 유지하고 있다.

---

[*] 이 글은 대한민국의학한림원 2024년 제44호 뉴스레터에서 발표한 것이다.

전공의들의 복귀가 지연되면서 대형병원은 재정적 위기에 직면했고, 그 공백을 메우는 교수 등 의료진은 이미 체력적 한계에 도달했다. 이 문제는 이른바 '빅5' 대형병원뿐만 아니라, 전국의 다른 대학병원에도 심각한 영향을 끼치고 있다.

이런 상황에도 불구하고 정부의 대응은 문제의 본질을 전혀 이해하지 못하거나, 아니면 애써 외면하려 하는 것으로 보인다. 전공의들이 병원을 떠난 직후에는 면허 정지, 사법 처리 등의 강경 발언을 하더니, 이후에는 환자를 전세기로 해외에 보내 진료를 받게 하겠다는 말까지 등장했다. 심지어 실정법도 무시하고 외국 면허를 가진 의사들을 진료 현장에 투입하겠다거나, 개인의 천부적인 인권 또한 공공복리라는 미명 하에 제한할 수 있다는 말을 쉽게 쏟아내고 있다.

이 시점에서 먼저 생각해 봐야 할 것은 전공의들이 왜 사직서를 제출했고, 정부의 각종 조치에 항의는커녕 무반응으로 일관하는가 하는 점이다. 이것이 문제 파악의 출발점이다.

전공의는 동시에 세 가지 신분을 갖는다. 먼저, 전공의들은 이미 국가고시를 통과하고 국가가 인정한 면허를 가진 의사, 즉 전문직업인이다. 동시에 수련 과정에 있는 피교육생이며, 또한 살인적인 노동 강도를 견디고 있는 노동자라는 사실을 부인할 수 없다. 그간 우리 사회와 병원 현장은 전공의를 이 세 가지 중 '피교육생'이라는 신분에 집중해 온 경향이 있고, 이런 인식적 편향성을 벗어날 때 문제의 파악과 해결방안 마련이 가능하다.

전공의들은 독립적인 의료행위를 할 수 있는 자격을 갖추었음에도, 주 80시간을 넘는 초과 노동은 물론 전문의 시험을 통과하기 위한 학업 또한 계속해 왔다. 그들이 이러한 어려움을 견뎌온 가장 큰 이유는 전문의 취득 이후 기대할 수 있는 경제적 보상과 인간 생명을 다룬다는 직업적 자존심 때문일 것이다.

사람이 한평생을 살아가면서 학업과 자신의 사업을 영위하기 위한 투자자본, 다른 직종과 비교할 때 포기해야 하는 기회비용을 계산하고, 반대로 그 사람이 사회 속에서 평균적으로 획득할 수 있는 소득을 산출한 다음 이를 비교하여 계산하는 내적수익률 개념을 도입할 때 의사라는 직업은 이미 대기업 취업자에 뒤처지는 구조가 만들어져 있다. 즉, 의사는 의과대학 입학 후 타 학과에 비해 높은 학비 부담, 긴 수련 기간, 상대적으로 낮은 임금을 받는 구조 등으로 인해 대기업에 취업해 일반적인 경로를 따라가는 타 직종보다 경제적 보상이 결코 유리하지 않다.

이러한 현상은 이미 10여 년 전부터 나타나고 있으며, 대기업 등의 임금이 가파르게 상승하는 시장 구조 속에서 의사의 수입은 건강보험체제가 일방적으로 결정하는 수가 구조에 의해 제한되어 왔다. 지금까지 의사들은 이러한 격차를 진료 건수의 비정상적인 증대와 비급여 진료를 통해 메워왔던 것인데, 의대 정원의 무분별한 증가는 이러한 구조를 완전히 무너뜨릴 것이 자명하므로 더 이상 힘든 전공의 과정을 거쳐야 할 필요를 느끼지 못하는 것이다. 이는 자본주의 경제 환경에서 경제 주체의 가장 합리적인 선택이다.

전공의들이 진료 현장을 떠나게 된 또 다른 요인은 직업적 자존심의 말살이다. 정부는 이번 조치를 추진하는 과정에서 각종 여론전을 통해 의사 집단 전체를 악마화했고, 개인의 기본적인 인권조차 부정하는 등 의사와 국민의 상호 신뢰를 훼손하였다. 의사 직군에 대한 과도한 비난과 언론을 동원한 현실과는 전혀 다른 선정 과정은 의사들, 특히 전공의들의 직업적 자부심을 빼앗아 갔다. 이런 상황에서 전공의들은 굳이 힘들게 환자를 보며 잠재적 전과자의 위험을 질 필요가 있는지 고민하게 되었고, 이것이 현 사태를 일으킨 가장 근본적인 원인이라 할 수 있다.

정부의 근거 없는 의대 증원 밀어붙이기와 전공의 사직 사태로 인해 한국 의료는 사상 최악의 사태를 맞이했고, 그동안 미봉책으로 연명해 오던 의료시스템은 붕괴 상황에 처해 있다.

의학교육 측면에서 보면 3,000명 수준의 의과대학 입학생들이 2025년부터 갑자기 5,000명 가까이로 증가할 경우 교육은 사실상 불가능하다. 교육의 질을 차치하더라도, 최소한의 물리적 준비조자 부족한 상황에서 정부는 여지껏 어떠한 대안도 내놓은 적이 없다. 여기에 더해 정부가 말하는 목표 수치, 즉 의사 1만 명 증원이라는 목표를 충족하고 난 이후의 대책 역시 단 한 번도 내놓은 적이 없다.

정치권의 반응 또한 사태의 근본을 진단하려는 움직임은 보이지 않는다. 이 사태가 왜 생겨났으며, 앞으로 어떤 방식으로 해결할 것인지에 대한 고민보다는 여야를 막론하고 그저 대중의 표심을 잡는 데만 몰두하는 것으로 보인다.

전공의에 대한 살인적인 노동 착취를 기반해 운영되던 대형 상급종합병원들은 이제 경영상의 어려움을 혹독하게 겪을 수밖에 없고, 심할 경우 도산 위기까지 겪을 것으로 보인다. 이는 곧 의료체계의 붕괴로 이어질 것이고, 모든 피해는 환자들에게 전가될 것이 분명하다.

한국 의료는 당연지정제와 전국민건강보험을 기반으로 위태위태하게 이어져 왔지만 이미 민간 실손보험 규모의 증대로 인해 그 시스템은 의미를 잃어가고 있다. 정부가 일방적으로 결정하는 원가 이하의 수가 구조는 의료기관의 운영, 특히 필수의료의 붕괴를 가져왔다.

이번 사태를 계기로 한국 의료의 구조적 문제들이 일제히 수면 위로 드러나고 있다. 왜곡된 수가 구조와 실질적 의료 민영화, 지역 의료 및 필수의료의 소멸, 미용의료의 과다 진출, 의술 수준과 의학 수준의 괴리, 정부 일변도의 억압적 의사결정 구조 등이 가져온 모순이 한꺼번에 폭발한 것이다. 여기에 더해 공공의료를 실질적으로 수행하고 있는 의사 개인의 민형사상 책임 문제 역시 필수의료에 직격탄을 가하고 있다.

문제 해결은 분류에서 시작된다. 전공의와 의대생들의 복귀가 응급 현황이라면 수가 구조의 개선, 필수의료 지원, 의사 개인의 민형사상 책임 구조의 변화 등은 단기적 해결사항이다. 이후 장기적으로는 실비보험으로 인한 의료의 실질적 민영화 경향과 다른 문저, 특히 의료체제 내 다른 직역과의 유기적 결합 등의 문제가 논의되어야 할 것이다.

이러한 바람에도 불구하고, 정부가 앞으로 이성적인 판단을 할 것으로 보이지는 않는다. 해외 직구 수입품에 대한 KC인증 조치는 많은 사람들이 직접 관련되어 있어 3일도 되지 않아 철회하는 모습을 보였지만, 이번 사태는 불과 15만 명도 되지 않는 의사 집단만 억누르면 대중의 지지를 얻을 수 있다고 판단하는 듯하다. 정부는 마치 개혁을 주도하는 것처럼 보이지만 사실상 막대한 예산이 들어가는 의대 교육 및 수련의 양성체계에 대한 지원, 의료비 폭증에 대한 진실은 밝히지 않고 있다. 이러한 상황에서 모든 피해는 결국 대중에게 돌아갈 수밖에 없다.

그동안 의사들은 자신의 진료 환경에 안주해 온 경향이 있다. 이제는 의사들도 적극적으로 나서서 국가 의료체계가 지향해야 할 목표점을 분명히 제시하고, 내부는 물론 외부와의 토론을 통해 문제점 도출 및 해결방안 모색을 위한 시스템적 접근이 필요한 시점이다.

정 진 행

- 서울의대 병리학
- 서울대학교 의과대학 병리학교실 교수 2024 ~ 현재
- 분당서울대학교병원 병리과 교수 2024 ~ 현재

전공의가 떠난 병원,
무너진 신뢰의 의료

· 신상진 ·

2024년 초, 어느 날 병원 복도는 유독 고요했다. 전공의의 이름표가 빠진 진료 스케줄표, 비어 있는 당직표, 반복적으로 조정되는 수술 일정들. 의료는 계속되고 있었지만, 그 기저의 리듬은 분명히 흔들리고 있었다.

그날부터 진료는 '조정'되었고, 수술은 '선별'되었으며, 응급 환자에 대한 대응은 '유보'되기 시작했다. 진료실과 병동을 오가던 전공의들이 사라지자, 남은 이들은 그 자리를 채워야 했다.

정형외과는 특히 야간 응급수술과 외상 환자 대응이 잦은 진료과다. 육체적·정신적 피로 강도가 높은 이 영역은 전공의들의 적극적인 헌신 위에서만 간신히 굴러간다. 그들은 단순한 수련생이나 조수 역할을 넘어, 병원 시스템의 중추적 인력이다.

전공의가 떠난 자리는 시스템이 아닌, 사람의 시간으로 기약없이 메워졌다. 교수들이 병동 처치를 맡고, 응급수술을 분담하며, 야간 콜에도 직접 응답하는 일이 일상이 되었다. 외래 진료를 끝내고 병동으로 뛰어가고, 응급실 환자를 직접 확인한 뒤 수술실로 들어가는 날이 반복되었다. 환자들도 그들의 시간에 따라 느리게 혹은 빠르게 변화를 감지했다. 병원 전체가 '일시적인 비상 상황'처럼 돌아가고 있었지만, 그 끝은 보이지 않았다.

의사, 피교육자, 그리고 노동자

전공의는 세 가지의 정체성을 동시에 가진다. 국가 면허를 보유한 의사, 수련 중인 피교육자, 동시에 장시간 고강도 노동에 시달리는 노동자. 그러나 이번 사태에서 누구도 이들을 온전한 '사람'으로 대하지 않았다.

정부는 의료공공성 확대라는 대의명분을 내세워 의료 정책을 일방적으로 밀어붙였고, 전공의들은 자신들의 미래와 의료계를 대표해 반대의 의미로 사직서를 제출하며 의료 현장을 떠났다. 그러나 그들의 선택에는 분노보다 침묵이 더 많았다. 그 침묵 속에는 "이 시스템 안에서 나는 안전한가?", "이 길의 끝에는 무엇이 있는가?"라는 질문이 깃들어 있었다.

전공의들의 선택은 단순한 이탈이나 방종이 아니었다. 그것은 오랜 기간 누적된 피로, 무시된 존엄, 그리고 강요된 침묵의 결과였다. 무엇보다 무거웠던 것은, 그들이 떠날 때 누구도 붙잡지 않았다는 점이다. 사직을 말리는 대신 각 병원은 '대체 인력 수급 방안'을 마련했고, 정부는 '법적 처벌'이라는 강압적인 언어를 먼저 꺼내 들었다.

의료 현장은 그동안 전공의의 헌신을 전제로 유지되어 왔다. 그것은 불문율이었고, 때로는 착취였다. 전공의들은 비정상적으로 적은 시간의 수면을 반복하고, 응급실과 병동, 수술실을 하루에 수차례 오가며 휴식 없는 수련을 일상처럼 받아들여 왔다. 그리고 이제, 그 당연하다고 여겨졌던 시스템이 처음으로 멈췄다.

신뢰와 지속 가능성의 경계

이번 사태는 단순히 한 직군의 집단행동이나 의료 공백의 문제가 아니다. 우리가 지난 수십 년간 당연하게 받아들여 온 의료시스템의 전제—전공의의 무한한 헌신과 희생—가 더 이상 유효하지 않다는 것을 보여주는 신호다. 의료는 시스템이며, 전공의는 그 시스템의 중심에 있다.

그동안 의료계는 늘 국민의 생명을 지킨다는 사명감으로 움직여 왔지만, 이제는 차분히 질문을 던져야 할 때다.

"이 시스템은 누구를 위한 것인가?"

"지금의 구조는 지속 가능한가?"

정형외과의 사례만 보더라도, 전공의의 부재는 단순한 '인력의 공백'이 아니라 의료의 지속 가능성을 근본부터 흔드는 사안이다. 이는 지방 필수의료, 응급의료, 소아외과, 흉부외과 등 다른 진료과에서도 동일하게 적용된다.

무너진 것은 구조만이 아니다

정부는 수차례에 걸쳐 '의료개혁'이라는 용어를 반복했다. 그러나 그 개혁의 결과는 오히려 의사라는 직업의 정체성을 불분명하게 만들고, 젊은 세대가 의료를 등지게 하는 원인이 되었다. 그 원인은 단순히 업무 강도 때문이 아니다. 미래에 대한 비전의 부재, 불합리한 수가체계, 의료사고에 대한 과도한 법적 책임, 열악한 수련 환경 등이 복합적으로 작용한 결과다. 현장에서 전공의를 가르치는 우리는 그들을 위로할 언어를 점점 잃어가고 있다.

"힘들어도 버티면 나중에는 나아진다."

이제는 이 말조차 설득력이 없다.

남겨야 할 것, 다시 시작해야 할 것

이제 우리에게 필요한 것은 반성과 재설계다. 우리는 그동안 의료시스템을 효율성과 반복에 초점을 두고 설계해 왔다. 그러나 이제는 지속 가능성과 존중, 그리고 신뢰를 바탕으로 다시 짜야 한다. 의료는 단순히 서비스를 제공하는 산업이 아니라, 신뢰와 윤리 위에 세워진 사회적 제도이기 때문이다.

정부는 대화를 통해 의료계의 의견을 경청하고, 그들의 현실을 직시해야 한다. 2020년 9월 4일, 보건복지부와 의협은 의대 정원 확대, 공공의대 신설, 첩약 급여화 등 정부의 보건의료 정책 추진을 전면 재논의하기로 하는 의정합의서를 체결하였다. 그러나 그 의정합의서의 잉크가 채 마르기도 전에, 정부는 일방적으로 대규모 의대 증원 등의 의료 정책들을 쏟아냈다. 이번 정책 추진 과정에서 가장 먼저 배제된 것은 '대화'였고, 가장 먼저 소외된 것은 '신뢰'였다.

그 결과로 촉발된 전공의의 집단 사직과 의대생들의 휴학은 단순한 반발이 아닌, 무너진 약속에 대한 응답이었다. 의료계는 이제 자신들의 언어와 주장을 사회적으로 설득 가능한 방식으로 정비하고, 후배 세대를 보호할 수 있는 구조를 만들어야 한다.

맺으며

전공의의 부재는 단지 인력 문제만이 아니라, 의료시스템 전체
에 울리는 경고음이다. 다시는 같은 일이 반복되지 않기를, 그리고
지금의 기록이 후배 세대에게 타산지석이 되기를 바란다. 무엇보다,
의료가 다시 인간을 중심에 두고 새로운 시스템으로 회복되기를 바
란다.

신 상 진

- 이화의대 정형외과학
- 대한민국의학한림원 5분회
- 이대서울병원 관절척추센터장 2019.03. ~ 2025.02.
- 대한견주관절학회장 2022.03. ~ 2023.02.
- 이화의대 연구부학장 2016.07. ~ 2017.08.

의정 갈등과
공공의료기관

• 임재준 •

　우리가 흔히 말하는 공공병원은 정확히는 '공공의료기관'을 의미한다. 이는 「공공보건의료에 관한 법률」 제2조 제3항에 따라 국가, 지방자치단체 또는 대통령령으로 정한 공공단체가 공공보건의료 제공을 주된 목적으로 설립·운영하는 보건의료기관을 말한다.

　2020년 기준 우리나라에는 총 230개의 공공의료기관이 있으며, 이는 전체 의료기관의 약 5~6%, 전체 병상의 약 10%를 차지한다. 대표적인 공공의료기관으로는 국립대학교병원 17곳과 지방의료원 35곳이 있다. 국립대병원은 정부가 지정한 '권역책임의료기관'의 대부분을 구성하며, 중증·고난도 질환의 최종 치료와 권역 내 의료기관 간 협력체계의 중심 역할을 수행해 왔다.

지방의료원은 의료 취약계층 지원, 지역 응급의료 제공, 필수 진료과 운영 등 지역 보건의료의 마지막 보루로 기능하고 있다. 그러나 2024년 2월 정부의 갑작스러운 의대 정원 확대 발표로 촉발된 전공의 사직 사태 등 일련의 사태는, 우리나라 공공의료의 핵심축인 국립대병원과 지방의료원에 심각한 타격을 입혔다.

사실 국립대병원은 의정 갈등 이전부터 이미 재정 운용과 인력 확보에 큰 어려움을 겪고 있었다. 서울대학교병원을 포함한 17개 국립대병원은 공공기관운영법상 '기타공공기관'으로 분류되어, 예산과 정원이 모두 정부의 관리·감독을 받는다. 주요 시설 개보수나 의료 장비 구입에도 일일이 정부의 심의를 받아야 하며, 어렵게 예산 승인을 받아도 정부 지원금은 총액의 25% 수준에 그친다.

인력 문제는 더욱 심각했다. 실손보험의 보장 확대에 따라 비급여 진료가 늘어나면서 1·2차 의료기관 의사와 대학병원 교수 간의 급여 격차가 커졌다. 이로 인해 교수들의 사직이 이어지고 있으나, 병원은 예산 및 인건비에 대한 자율권이 없어 속수무책인 상황이었다.

이런 가운데 발생한 전공의 사직 사태는 국립대병원에 직격탄이 되었다. 보도에 따르면 지방의 A 대학병원은 2024년 4분기 기준 임상교수 정원 239명 중 150명, 임상강사 80명 중 12명, 전공의 239명 중 16명만이 근무하고 있었다. 이로 인해 손실도 급격히 증가했으며, 전국 11개 국립대병원의 2024년 손실액은 5663억 원으로, 의정 갈등 이전인 2023년(2847억 원)의 두 배에 달했다.

지방의료원의 상황도 다르지 않다. 이들은 이미 전문의 확보에 어려움을 겪고 있었고, 의정 갈등 이후 국립대병원으로부터의 전문의 및 전공의 파견이 사실상 중단되면서 상황은 더욱 악화되었다. 2024년 6월 기준, 전국 35개 지방의료원 중 26곳에서 의사 부족으로 장기간 휴진하거나 진료 공백이 발생한 진료과가 있었으며, 3개 이상 진료과를 운영하지 못하는 곳도 9곳에 달했다. 지역 주민의 의료 접근권이 심각하게 저하된 것이다.

재정 상황도 크게 악화되었다. 2024년 상반기 기준 35개 지방의료원 중 33곳이 적자를 기록했고, 총 당기순손실은 1112억 원에 달했다. 특히 부산의료원(115억 원)과 청주의료원(107억 원)의 적자 폭이 컸다.

국가보훈부 산하 전국 6곳의 보훈병원 또한 대표적인 공공의료 기관으로, 이들 역시 의정 갈등으로 큰 어려움을 겪고 있다. 2024년 2월 127명이던 전공의 수는 7월 기준 19명으로 급감했다. 서울중앙보훈병원은 전공의 정원 110명 중 9명만 남았고, 대전보훈병원은 전공의가 전원 사직했다. 광주, 대구, 부산 등 지방 보훈병원도 전공의 수가 10명 이하로 급감했다.

서울중앙보훈병원의 병상 가동률은 기존 70%대에서 50%대로 하락했고, 2024년 2월부터 8월까지의 수술 건수는 전년 동기 대비 2,000건가량 감소했다. 국가유공자와 보훈 가족 등 의료 취약계층이 심각한 피해를 입은 것이다.

정부의 대규모 의대 정원 확대 정책은 '응급실 뺑뺑이', 소아청소년과 전공의 지원율 20% 미만, 수도권 대형병원 쏠림 현상, 지방의료원의 의사 공백 등 필수·지역의료의 위기를 해결한다는 명분 아래 추진되었다. 그러나 전공의를 비롯한 의료계의 극심한 반발이 예상된 이 정책은, 오히려 공공의료의 핵심인 국립대병원·지방의료원·보훈병원에 인력과 재정 측면에서 막대한 피해를 안겼다.

새 정부가 들어서 의정 갈등이 해소된다 하더라도, 사직한 전공의들이 얼마나 복귀할지는 불확실하다. 의대생들의 집단 휴학의 영향으로 인해 2025년 신규 배출 의사 수는 119명으로, 예년의 3% 수준에 불과했다. 공공의료기관뿐만 아니라 우리나라 전체 보건의료체계에 미치는 여파가 장기화될 것으로 우려된다. 이 후유증을 어떻게 극복할 것인가는 우리 사회가 직면한 커다란 도전 과제다.

임 재 준

- 서울의대 내과학/호흡기
- 대한민국의학한림원 3분회
- 보건복지부 보건의료정책심의위원회 위원 2023.08. ~ 2025.08.
- 서울대병원 공공부원장 2023.03. ~ 2025.03.
- 서울대학교 국가미래전략원 팬데믹 클러스터 책임교수
  2022.01. ~ 2023.12.

중증, 필수의료가
확실한 병원

· 안영근 ·

지금은 새벽 2시. 8병동 7층(순환기내과병동)에서 연락이 온다.

"오전에 시술했던 급성 심근경색증 환자의 호흡이 거칠어지면서 혈압이 떨어집니다."

전공의, 전임의 시절에 수도 없이 연락받았던 익숙한 내용이다. 병원장 시절, 비디오 후두경을 다량 구입해 병동에 배치한 적이 있다. 과거에 비해 인턴과 전공의들이 기관지 삽관을 해 볼 기회가 많지 않아, 이러한 장비를 구입하면 응급 환자에서 좀 더 수월한 기관지 삽관이 이루어질까 하는 바람이었다.

병동에 도착하니 담당 간호사는 발 빠르게 기관지 삽관을 준비하며 나를 물끄러미 쳐다보았다.

“60이 넘어선 경험 많은 순환기내과의사가 아니라 과연 이사람이 기관지 삽관을 할 수 있을 것인가”, “코드 블루 방송을 해서 응급의료센터에 있는 다른 젊은 의사를 오게 할 것인가” 하는 고민이 있는 것 같았다.

내가 하겠다고 말하고, 예전에는 수도 없이 했지만 최근에는 직접 경험이 드물었던 기관지 삽관을 비디오 모니터를 통해 무리 없이 진행했다. 앰부배깅을 하면서도 혹시 몰라 다른 의사에게 확인하게 하고, 심혈관계 중환자실로 환자를 이동시켰다.

의정 사태로 우리 병원 역시 다수 진료과의 전공의가 부재중이며, 순환기 병동도 밤에는 교수들이 순환 근무 중이다. 젊은 교수들은 비교적 최근에도 이런 환경을 자주 접했을 테지만, 나는 한동안 이러한 환경과는 거리가 멀게 지내고 있었다. 다시 전공의나 전임의 시절로 돌아간 듯한 느낌이며, 당직 근무 시에는 긴장의 연속이다.

순환기내과, 특히 내 전공인 심혈관 중재 분야는 급성 심근경색증 같은 사망률이 높은 급성 관상동맥 질환자들을 주로 보고 있어, 매우 중요한 필수의료다. 드물지 않게 상기 상황과 비슷한 경험을 한다. 현재 나는 대한심혈관중재학회 이사장을 맡고 있는데, 우리나라에서도 특히 지역에서는 이러한 심혈관 중재 분야를 전공하려는 의사 수가 점점 감소하고 있는 실정이다. 서울의 대형 상급종합병원에는 전임의를 비롯해 비교적 많은 전문의 스태프가 상주하며 응급 심혈관 진료를 할 수 있으나, 지역병원은 그렇지 못한 경우가 많다. 이러한 급성 심근경색증 환자의 경우, 지역병원에서 ‘책임의료

기관'으로서 확실한 진료를 보장해야 사망률을 줄일 수 있다.

얼마 전에 지인의 장모님이 급성 심부전으로 우리 병원에 입원하셨다. 지인은 나와 같은 순환기내과를 전공하고 현재 개업하여 병원을 운영 중인데, 장모님이 입원하신 날 새벽 1시까지 응급의료센터에서 함께 머무르며 심혈관계 중환자실로 입원하시는 것까지 봤다고 한다. 다행히 환자 상태는 호전되었고, 지인은 다음 날 나와 통화하면서 "너희 병원이 아니었으면 장모님은 돌아가셨을 것 같다. 정말 고맙다."라고 전했다.

우리 병원이 환자분의 응급 처치를 잘했다고 생각하니 마음이 뿌듯하면서도, 문득 최근 의정 사태로 인해 우리 병원에서 진료를 보지 못하는 중환자도 꽤 많을 것 같다는 생각이 들었다.

최근 의정 사태로 인해 우리나라 의료시스템에 대한 관심이 높아졌고, 전공의 의존도가 높은 상급종합병원의 의료 환경은 많은 병원에서 심각한 상황이다. 중증 환자 진료는 우리 병원 같은 국립대병원 본연의 의무이자 최우선 과제이지만, 대한민국 의료전달체계와 필수의료의 현실을 들여다보면 아직도 갈 길이 멀다.

우선 의료전달체계를 살펴보자. 보건복지부의 행정규칙 「의료기관의 종류별 표준 업무규정」에 따르면 우리나라의 의료기관은 의원, 병원 및 종합병원, 상급종합병원의 3단계로 구분된다. 1단계 의원급은 주로 간단하고 흔한 질병에 대한 외래진료를, 2단계 병원 및 종합병원은 주로 일반적인 입원과 수술을, 3단계 상급종합병원은 수술과 시술 등 고난도 치료 기술을 필요로 하는 중한 질병의 진료를 중심으로 하는 의료기관으로 규정되어 있다. 그러나 실제 현장에서 이루어지는 의료전달체계를 살펴보면, 각 단계별 진료가 중복되거나 모호할 때가 많다. 환자가 특별한 제약 없이 자유롭게 의료기관을 선택할 수 있고, 대형병원에 대한 높은 선호도 때문에 1, 2단계 병원에서 충분히 진료가 가능한 환자들마저 우리 병원과 같은 3차병원에서 바로 진료하는 경우가 적지 않은 것이다.

특히 우리 병원은 현재 응급의료센터의 환자 포화도가 전국 최고 수준이다. 하지만 KTAS(Korean Triage and Acuity Scale, 한국형 응급 환자 분류도구) 등급이 낮아 우리 병원에 꼭 오지 않아도 될 환자가 응급의료센터에 무작정 찾아오는 경우를 심심치 않게 볼 수 있다. 이렇게 경증질환자의 비중이 커질수록, 중증도가 높은 환자를 볼 여력과 집중력이 떨어질 가능성이 크다. 지인의 장모님처럼 3차병원에서만 진료가 가능한 중증·응급 환자를 집중적으로 볼 수 있어야 제대로 된 의료전달체계를 갖추었다고 할 수 있을 것이다.

이러한 중증 환자를 제대로 진료하기 위해서는 응급·외상·심뇌혈관·암 등 중증의료뿐만 아니라 산모·신생아·어린이 의료, 지역사회 건강관리, 감염 및 환자 안전 등 필수의료가 반드시 뒷받침되어야 한다.

하지만 우리나라 필수의료의 현주소는 어떠한가? 필수의료 분야의 의사는 비필수·비응급·비중증 분야의 의사에 비해 밤낮 없는 과중한 업무, 업무 대비 낮은 임금, 의료사고 발생 시 환자와의 갈등 부담 등으로 인해 계속해서 기피 대상이 되고 있다. 게다가 대도

시와 수도권에 의료기관이나 의료인 등 자원이 집중되면서 지역 간 의료 공급과 이용의 불균형 문제가 지속되고 있다. 응급, 심뇌혈관질환, 고위험 분만 등 생명과 직결되는 필수의료 분야는 지역 내 자체 충족이 어려운 상황이다.

특히 국립대병원은 필수의료를 책임지며 대부분의 중증·희귀난치성질환의 진료를 담당하고 있지만, 중환자 진료만으로는 병원 경영이 불가능한 것이 현실이다. 오히려 중증 환자를 볼수록 끊임없이 적자가 누적되는 구조다. 지금은 의료진들의 희생과 국립대병원으로서의 사명감으로 버티고 있지만, 이는 마치 모래 위에 세운 누각처럼 위태롭다.

중환자실과 운영 인력을 충분히 확보하고 시설과 장비를 갖춰 상급종합병원 본연의 기능에 맞는 진료에 집중할 수 있도록 정부의 지속적인 관심과 재정적 지원이 계속되어야 한다.

단지 의대 정원 증가나 수가 조정이 필수의료 문제 해결의 정답이 될 수는 없다. 이제는 필수의료체계에 대한 정교하고 계획적인 사회적 투자를 통해 국가가 적극적으로 개입할 필요가 있다.

의대 정원 증원은 장기적인 관점에서는 필요하다. 그러나 현 시점의 문제는 의사 총량의 문제가 아닌 배분의 문제로, 기존 의사 인력을 재분배하고 새로 배출되는 전문의를 필수의료 영역으로 유도하는 것에서 시작되어야 한다.

첫째, 비현실적인 수가를 충분히 끌어올려 기형적인 보상체계를 획기적으로 정비해야 한다. 둘째, 필수의료 분야의 의사 수 확보를 위해 지역 및 종별 필수 인력 배치를 의무화하고 지역 전공의 T/O 조정이 이뤄져야 한다. 셋째, 중증 환자의 적극적 처치 및 수술로 인한 의료분쟁에 대한 형사면책 특별법 제정이 필요하다. 마지막으로, 필수의료 분야의 의료진 근무 환경을 개선할 수 있는 당직 수당과 인건비 지원 사업 등 정부의 적극적인 지원이 필요하다.

우리는 과거에 코로나19를 겪으며 보건의료 전반에 대해 국가 책임을 강화하고 공공의료를 확충·투자하는 것에 대한 국민 인식과 사회적 요구가 매우 높아진 상황이다. 정부도 이러한 여론을 인식해 계속하여 공공의료·필수의료 분야에 대한 대책을 내놓고 있지만, 의료 현장의 문제를 근본적으로 해결하기에는 어려움이 있다.

병원의 책임을 맡았던 전임 병원장이자 의사로서, 우리 병원을 통해 한 명이라도 더 건강해질 수 있다면 그보다 더 기쁘고 보람찬 일이 없을 것이다. 그리고 더 많은 의사들이 나처럼 중증의료 및 필수의료 분야에 종사하여 하루빨리 마음껏 의료를 펼칠 수 있는 환경이 조성되기를 진심으로 바란다.

안영근

- 전남의대 내과학/순환기
- 대한민국의학한림원 3분회
- 한국과학기술한림원 부원장
- 대한심장학회 회장 2026.01. ~ 현재
- 대한심혈관중재학회 이사장 2024.07. ~ 현재
- 전남대학교병원 원장 2020.11. ~ 2024.01.

의정 갈등이 부른
의학교육의 위기

· 김치대 ·

최근 한국 의료계에서 가장 뜨거운 이슈는 의료개혁을 둘러싼 정부와 의료계 간의 갈등(의정 갈등)이다. 정부의 의대 증원 등을 포함한 의료개혁안이 의료계의 강한 반발을 불러왔고, 그 여파로 전공의 이탈과 의대생들의 집단 휴학이 이어졌다. 표면적으로는 정책 시행을 둘러싼 이견으로 보이지만, 그 이면에는 의료계와 정부 간의 신뢰 붕괴, 불통, 그리고 의료시스템에 대한 근본적인 인식 차이가 자리하고 있다.

이러한 의정 갈등은 단순히 정책이나 행정의 문제에 그치지 않는다. 특히 의학교육 현장이 직접적인 타격을 받고 있다는 점에서 그 심각성이 크다. 갈등의 소용돌이 속에서 교육은 방치되거나 희

생되고 있으며, 그 여파는 미래 의료 인력 양성의 기반을 흔들고
있다.

교육 현장에 드리워진 의정 갈등의 그림자

푸른 꿈을 안고 전공의 과정을 밟고 있는 젊은 의사들은 우리 의
료체계가 안고 있는 구조적인 문제를 체감하면서도 언젠가는 나아
질 것이라는 희망을 품고 있었다. 필수의료가 저수가와 과도한 사
법적 리스크로 인해 기피되고 있는 현실에 절망하면서도, 이들은
사명감으로 묵묵히 병원을 지켰다.

그러나 정부가 의사들을 악의적으로 프레임화하고, 충분한 논의
없이 의대 증원을 포함한 의료개혁안을 밀어붙이자 이들은 분노했
다. 전공의들이 병원을 떠나자, 정부는 상급병원을 전문의 중심으로
운영하겠다는 정책과 간호법 제정 등으로 전공의의 존재 가치를 폄
훼했다. 이에 전공의들과 학생들은 투쟁을 선택한 것이 아니라, 모
든 것을 내려놓고 의료와 교육 현장에서 스스로를 거둔 것이다. 이
는 저항이 아니라 깊은 체념의 표현이었다.

이러한 일련의 과정은 의료계뿐만 아니라 사회 전반에 큰 충격
을 주었고, 특히 교육 현장에는 다음과 같은 심각한 영향을 끼치고
있다.

첫째, 의대생들의 집단 휴학은 의학교육의 연속성과 안정성

에 심각한 악영향을 끼치고 있다. 정상적인 수업 진행이 중단되거나 축소되면서 필수적인 임상 실습과 이론 교육에 공백이 생겼고, 이는 교육의 질 저하로 이어지고 있다. 그뿐만 아니라 학사일정의 지연과 불확실성은 학생들의 진로 계획에도 큰 혼란을 야기하고 있다.

둘째, 의학교육의 내용과 방향에 혼선이 생겼다. 정부 정책이 바뀔 때마다 의학교육의 커리큘럼이나 진로 전망이 흔들리면서 학생들은 혼란을 겪고 있다. 학생들 스스로도 졸업 후 어떤 역할을 하게 될지 불확실하고, 지역 의무 복무나 전공 선택의 자유가 제한될 수 있다는 불안감으로 인해 교육 의욕 자체가 떨어지고 있다.

셋째, 집단 휴학은 단순한 개인의 학업 중단을 넘어 의학교육 시스템 전반의 안정성을 위협하는 요인으로 작용하고 있다. 교수진과 교육기관의 부담이 가중되고 있으며, 정치적 이슈에 휘말린 채 행정적인 조율과 학생 보호에 매몰되어 교육 본연의 기능을 수행하기 어려워졌다.

이러한 혼란이 장기화될 경우, 미래 의료인의 윤리 의식과 공공성이 약화될 수 있다는 점에서 그 심각성은 더욱 크다. 의학은 단순한 과학이나 기술의 영역을 넘어, 인간의 존엄성과 생명을 다루는 분야로 높은 윤리성과 사회적 책임감을 요구한다. 그러나 현재의 교육 환경은 학생들에게 공동체 의식이나 사회적 신뢰를 심어주기보다는, 체제에 대한 불신과 무기력감을 학습하게 만들고 있다.

의학교육의 위기를 넘어서기 위해

의료계와 정부 간 갈등이 반복되고 있으며, 이는 의료 현장과 교육체계 전반에 심각한 부담을 주고 있다. 이러한 악순환을 끊어내기 위해서는 근본적이고도 단호한 전환이 불가피하다. 단기적인 정책 조정이나 임시방편적인 협상으로는 문제의 본질을 해결할 수 없다. 지금 필요한 것은 의료 정책의 구조 자체를 재점검하고, 지속 가능한 방향으로 체계를 재정립하는 구조적 개혁이다.

첫째, 의료 정책은 단기적인 대응이 아닌 장기적 비전과 체계적인 계획 아래 추진되어야 한다. 이를 위해서는 의료계와 정부 간 신뢰를 바탕으로 한 지속 가능한 소통 구조가 필수적이다. 위기 상황에서만 한시적으로 대화를 시도하는 방식은 갈등을 반복할 뿐이며, 근본적인 해결책이 될 수 없다. 의료계와 정부가 상시적으로 협의하고 조율할 수 있는 제도화된 협의체의 구축이 시급하다.

둘째, 의학교육의 질적 수준을 유지하기 위해서는 교육의 연속성과 자율성을 보장할 수 있는 제도적 장치가 마련되어야 한다. 정치적 이해관계에 따라 학사일정과 교육과정이 흔들리는 현재의 상황이 더 이상 반복되어서는 안 된다. 교육 현장에 정치적 부담을 전가하는 정부의 행태는 중단되어야 하고, 의학교육이 본연의 목적에 따라 운영될 수 있도록 제도적 기반이 강화되어야 한다.

셋째, 의료인의 사회적 책임과 윤리에 대한 교육을 강화하는 것이 그 어느 때보다 중요한 시점이다. 현재의 교육 위기를 의학교육의 방향성을 재정립하는 계기로 삼아야 한다. 의료인의 사회적 책무를 올바르게 가르치는 것은 미래 의료 인력 양성을 위한 핵심 과제이며, 교육 현장은 이를 중심에 두고 교육과정을 재편해야 한다.

넷째, 의대생과 전공의의 목소리를 제도권 안에서 반영할 수 있는 구조가 필요하다. 지금까지 젊은 의료인들은 정책의 수동적 대상이었지만, 이들은 실제 현장에서 의료를 수행하고 교육을 받는 당사자다. 그들의 목소리가 정책 형성에 적극적으로 반영되어야 갈등을 줄이고 정책의 실효성을 높일 수 있다.

교육은 국가 미래를 위한 장기적인 투자다

의학교육의 붕괴는 대학이나 의료계만의 단순한 문제가 아니다. 이는 국민 건강을 책임질 미래 의료인을 양성하는 국가적 기반이 두너지는 심각한 사안이다. 현재의 위기를 극복하지 못할 경우, 향후 수년에서 수십 년에 걸쳐 대한민국 보건의료시스템은 회복이 불가능한 구조적 타격을 입게 될 것이다.

정치와 정책이 의학교육을 흔드는 일이 더 이상 반복되어서는 안 된다. 교육은 단기적인 성과를 위한 수단이 아니라, 국가의 미래를 위한 장기적인 투자다. 정부, 의료계, 교육기관, 학생 모두가 협력할 수 있는 구조를 마련해 지속 가능하며 지율적인 의학교육 체계를 확립해야 한다. 교육의 본질을 회복하는 것이 무엇보다 중요

하다. 현재의 의학교육 위기를 미래를 위한 전환점으로 만들어야
한다.

김 치 대

- 부산의대 약리학
- 대한민국의학한림원 2분회
- 한국혈관학회 회장 2023.01. ~ 2024.12.
- 부산의대 학장 2021.03. ~ 2023.02.
- 대한약리학회 회장 2022.01. ~ 2022.12.

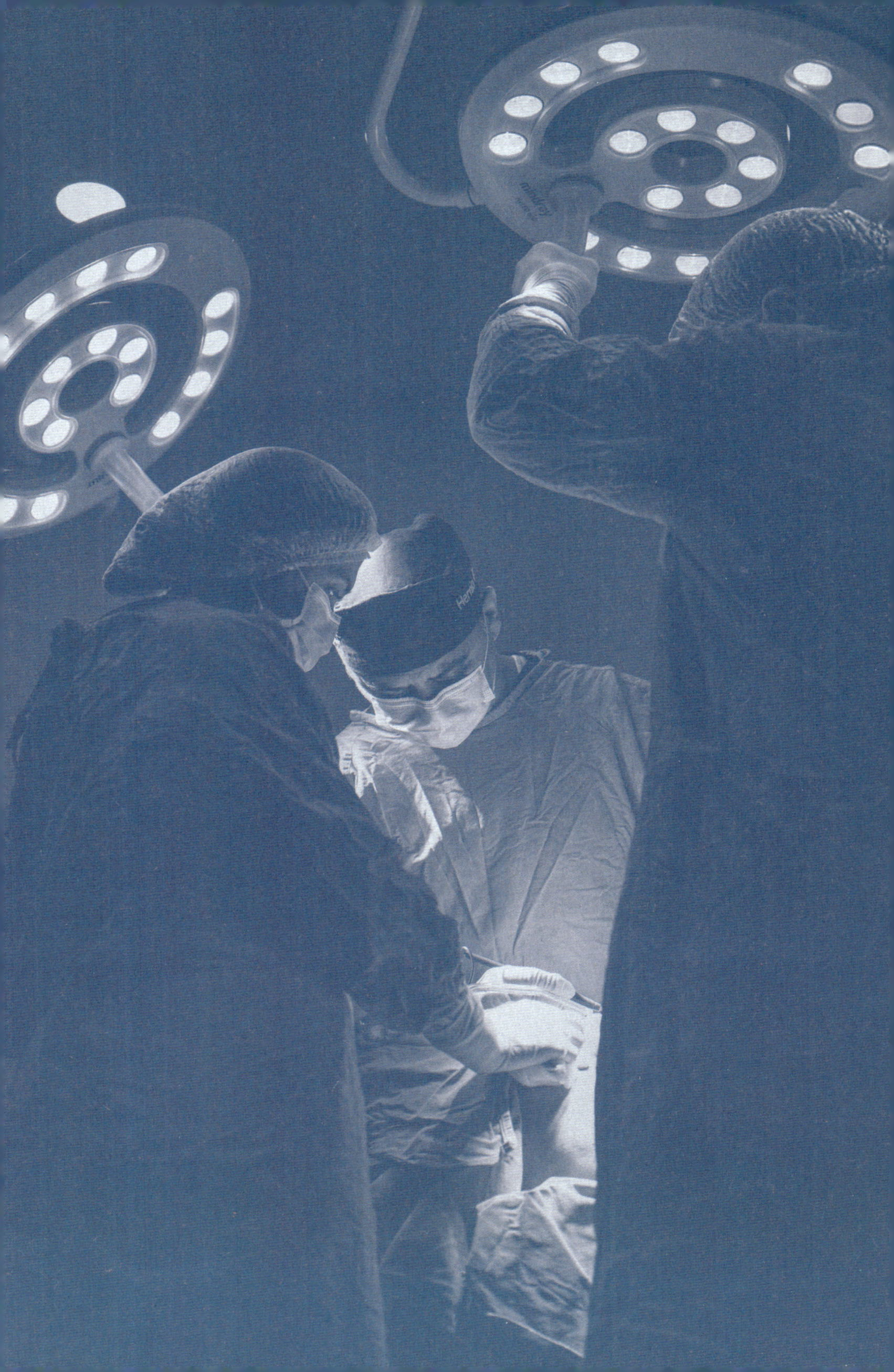

2,000명 논란의 본질: 비과학적 정책과 시스템 비판

의사 인력 양성 정책을
바라보며[*]

· 왕규창 ·

갈등

대한민국의학한림원(이하 의학한림원)이 지향하는 바는 우리나라 의학 석학단체로서 정치적·경제적 이해관계로부터 자유롭고, 근거에 기반하며, 가치중립적이고, 분절되지 않은 통합적 사고와 행보를 통해 정부와 사회로부터 신뢰받는 동반자가 되는 것입니다. 더불어 으리나라, 더 나아가 인류공동체의 의학 발전과 건강증진을 위해

---

[*] 이 글은 대한민국의학한림원 2022년 제36호 뉴스레터에서 발표한 것을 일부 수정한 것이다.

헌신함으로써, 구성원들이 그간 사회로부터 받아온 혜택을 다시 사회에 환원하고자 하는 것입니다. 아직 부족한 점이 많지만 석학단체 중 하나로서 특히 우리 사회의 불필요하고도 과도한 갈등을 완화하는 데 관심을 가지고 있습니다.

어느 정도의 사회 갈등은 불가피하며, 때로는 필요하고 생산적이기도 합니다. 그러나 과거 우리가 빈번하게 겪었던 불필요하고 지나친 사회 갈등들은 대부분 국민이나 사회보다는 개인이나 특정 집단의 정치적·경제적 이익에 바탕을 둔 조급함과 편향성이 그 원인이 되었던 것으로 보입니다.

'내가 책임자로 있었을 때 이룬 업적이어야 한다', 반대로 '이 사안은 나에게 도움이 되지 않는다' 혹은 '이 틈을 타 특정 집단을 챙겨야 한다'는 동기가 그 바탕에 자리 잡고 있었기 때문이라 생각합니다. 그리고 이로 인한 반복적인 상흔으로 말미암아 결국은 중요 사회자본(社會資本)인 '신뢰'를 크게 훼손한 채 오늘에 이르고 말았다고 생각합니다.

갈등을 통해 자신의 지분을 확보하기 위한 적대적 편가르기는 선정성에 힘입어 큰 힘을 발휘하지만, 이를 치유하는 데에는 엄청난 시간과 노력을 필요로 합니다.

더욱이 이러한 맹목적 편들기 현상은 진실과 논리가 철저히 외면되고, 왜곡되거나 포장된 정보와 해석, 그리고 선동이 난무하기에 그 파괴력은 더욱 큽니다. 역사적으로 적지 않은 대국(大國)들이 결국 내분으로 멸망했다는 사실은 오늘날 우리 사회를 되돌아보게 하며, 우리 국민에게 무엇을 어떻게 판단하고 행동해야 하는지 경종을 울리고 있습니다.

더 늦기 전에 집단적 성찰이 필요하며, 그 과정에서 가치중립적인 전문인과 지식인의 역할이 중요하다고 생각합니다.

2020년 공공의대 설립 관련 파업

2020년, 코로나19 범유행의 한가운데에서 정부가 공공의대 설립 정책을 발표하자 의학교육계와 의료계가 강하게 반발하며 큰 갈등이 생겼습니다. 결국 의대생들의 수업 거부와 동맹 휴학, 전공의들의 집단 파업으로 이어졌고, 다행히 당시 여당과 의협 사이에 조정이 이루어지면서 이 사안은 일단 유보하는 데에 합의가 이루어졌습니다.

이 정책은 사전에 충분한 검토가 이루어지지 않았고, 전문가와 이해당사자의 의견도 수렴되지도 않았으며, 사회적으로도 합의되지 않은 급조된 사안이었습니다. 불행히도 정부와 정치권이 의료계의 의견을 무시하고 사안을 밀어붙이면, 의료계가 대응할 수 있는 방법은 파업 외에는 거의 없습니다. 국민의 시선이 집중되어 있던 코로나19 범유행의 한가운데에서 설마 의료계가 파업을 감행할까 하고 정책을 강행하기 적절한 시기라 생각하며 밀어붙였는지도 모릅니다.

그러한 점에서, 중립적인 시각으로 보더라도 그 위중한 시기에 발생한 의사 파업은 상당 부분—어쩌면 대부분—급조된 정책을 일방적으로 추진한 정부와 정치권에 책임이 있다고 생각합니다. 어느 방역 전문가는 "중요한 시기에 방역 역량을 크게 흔든 정치권의 '잔머리'가 한심하다"라는 말을 했습니다.

저는 현재 우리나라의 의사 인력이 부족한지에 대한 결론은 유보하는 입장입니다. 심층적인 분석을 통해 의대 정원이 부족하다면 당연히 증원해야 한다고 생각합니다. 의사의 역할이 점차 늘어나야 할 것이라는 예측에 공감하기도 합니다. 동시에, 인구 감소와 인공지능 등의 기술혁신으로 의사 보조 역할이 커지면서 의사의 수요가 줄어들 수 있다는 주장에도 귀를 기울여야 한다고 생각합니다.

그런데 저는 OECD 통계 중 '인구 대비 의사 수'라는 단일 지표만을 근거로 의대 정원 증원을 주장하는 점이 의아했습니다. 이렇게 중대한 사안을 결정하는 데 단 하나의 지표만이 제시된다는 것이 이해되지 않았습니다. 그 지표가 그렇게 위력적이라고 보기도 어렵습니다. 다른 나라와 비교해서 우리나라 의료의 우수한 지표들도 많습니다. 현저히 개선된 각종 사망률과 생존 통계, 눈에 띄게 높은 의료 소비량과 의료 접근성, 놀라울 정도의 가격 대비 효율성, 그리고 선진국을 포함한 전 세계 교포들이 아프면 양질의 의료를 위해 한국을 찾는 현상까지— 이 모든 점들을 어떻게 설명해야 하는지 의문이 들었습니다.

주장에 있어 균형 있는 시각을 갖기 위한 노력이 결여되었다고 생각합니다. 의사의 절대 수보다는 영역별·지역별 분포의 불균형이 더 큰 문제이며, 이에 대한 대책이 미흡하다는 주장에 우선 더 공감이 갑니다.

저는 이 정책이 큰 그림에서 나온 것인지 의문이 듭니다. 잘못된 의사 양산은 의료비의 왜곡된 상승을 초래하기에 많은 국가가 의사 수를 정부 차원에서 조정하고 있습니다. 의사가 더 필요하다면 당연히 정원을 늘려야 한다고 생각합니다. 다만, 그에 대한 중장기적 계획이나 방향성, 이른바 '큰 그림'이 보이지 않는다는 점이 문제입니다.

정부는 보건의료 발전계획을 법에 따라 5년마다 발표하게 되어 있으나 20년이 지나도록 실제로 진행되지 않고 있습니다(다행히 보건의료 인력 '실태조사'는 5년마다 시행하고 있습니다). 2000년 의약분업 사태 직후, 의대 정원이 적은 일부 대학을 제외한 거의 모든 대학이 정원을 10%까지 줄였습니다. 이것은 지금의 정책과 상충된 결정입니다. 우리나라 특유의 고질적인 문제인 '의료일원화'를 해결하는 과정에는 한의대를 의대로 전환하는 과정이 필수적으로 수반되어야 합니다. 그러나 이러한 문제 역시 전혀 고려되고 있지 않아 보입니다.

저는 이 정책이 효율적인지도 의문입니다. 의과대학 입학 후 제반 지원을 받으며 전공의 및 전임의 교육을 받은 후 3년 내외의 기간 동안 지정된 영역에서 의무 복무를 하도록 되어 있는데, 과연 이 방식이 효율적인지도 모르겠습니다. 의사가 된 이후 이 과정을 거부할 경우에 대한 대책이 국민의 기본 권리와 상충될 것 같아 보였

습니다. 이들이 해당 영역에서 지속적으로 일할 수 있는 직업 생태
계에 대한 고민 없이, 덜컥 제시된 이 정책에 진정성이 있는지도 모
르겠습니다. 그 당시 정권이 임기 내에 의대 정원을 모두 배분하려
했다는 점, 친정권 성향 단체가 의대생 선발에 관여하려 했다는 점
은 색안경을 끼고 보기에 충분했습니다.

공공의료와 연구개발 의사 인력 양성에 대한 개인적인 생각

저는 요즘 자주 언급되는 공공의료 의사 인력 및 의사과학자 양
성에 대해, 의학한림원의 입장이 아닌(아직 공식적으로 의견을 모은 바는
없습니다) 개인적인 의견 차원에서 몇 가지 생각을 갖고 있습니다.

첫째, 이들 인력이 양성된 이후 활동할 직업 생태계가 조성되지
않는다면 백약이 무효하다고 생각합니다. 이에 대한 고민을 우선적
으로, 적어도 함께 해야 합니다. 한 전임 과학기술혁신 본부장님은
저희에게 "의사들이 사명감에 의해서가 아니라 그 영역에 매력을
느끼고 본인이 하고 싶어서 (공공의료나) 연구개발 영역에 나서게 해
야 합니다"라고 말씀하셨습니다. 전적으로 공감하며, 그 말씀은 저
희가 지금껏 해왔던 주장과 일치합니다. 간호사 양성기관이 늘었지
만 의료 현장에서 간호사 부족 현상이 개선되지 않은 것도, 결국은
직업 생태계 문제와 무관하지 않아 보입니다.

둘째, 공공의료 및 연구개발 영역에 대한 진로 선택과 교육 훈련

은 졸업후의학교육과정에서 이루어집니다. 현재의 기본의학교육
(즉, 의대교육)과정은 의사로서 기본적인 교육을 받기에도 벅차게 구
성되어 있습니다. 공공의료 및 연구개발 영역뿐만 아니라 군진의학,
법의학, 의학 언론, 의료관리와 경영, 의료윤리학, 의사학 등 전통
기초의학, 임상의학, 인문사회의학의 세부 영역을 전문적으로 다루
기에는 한계가 있습니다.

다만 중·고교 시절처럼 이들 영역에 대한 '꿈'을 키우게 할 수는
있습니다. 실제로 이 의사들이 희망에 따라 각 전문 영역으로 진출
하는 시점은 대학원 교육, 전공의·전임의 교육 등 졸업후의학교육
의 시기입니다. 직업 생태계 형성과 함께, 이들이 이른바 비인기 영
역에 쉽게 진입하고 졸업후의학교육을 받을 수 있는 여건을 지원해
주어야 합니다.

이런 지원을 두고 일각에서는 의사에 대한 특혜라고 보지만, 저
는 비인기 분야 인력을 일정 수준까지 보완하기 위한 사회적으로
불가피한 정책이라고 생각합니다. 일부 과학기술특성화 대학들이
의과대학과 함께 졸업후의학교육과정에서 연구개발 의사 양성 역
할을 성공적으로 수행해 왔다고 생각합니다. 그러나 이들 과학기술
특성화 대학이 의학전문대학원(이하 의전원; 기본 의학교육에 해당)을 설
립해야 의사과학자를 제대로 양성할 수 있다는 주장에는 동의하기
어렵습니다.

심지어 부속병원 없이 의전원을 운영하겠다는 구상은 실험실 없
이 공과대학이나 자연과학대학을 운영하겠다는 말과 다르지 않다

고 생각합니다. 기본의학교육과정에서는 우선 '의사를 제대로 양성'
해야 하며, 특정 분야를 선택하여 교육받는 것은 졸업후의학교육과
정의 몫임을 다시 강조하고 싶습니다. 임상 역량을 갖춘 제대로 된
의사보다는 연구개발에만 특화된 의사가 필요하다면 과연 꼭 의사
가 필요한 일인가 하는 의문이 듭니다. 저는 보건복지부의 의사과
학자 양성사업이 훨씬 더 현실적이라 생각합니다.

셋째, 이러한 정책은 효율적으로 진행되어야 합니다. 기득권을
강화하기 위한 주장이 아니라, 특별한 이유가 없다면 이미 존재하
는 시설과 인력을 최대한 활용하는 것이 합리적입니다. 여건에 비
해 정원 추가 여력이 있는 의대들도 많습니다. 2000년에 감축했던
정원을 되돌리는 것, 최소한 이들 대학을 설득하는 방안도 적극적
으로 고려해야 합니다. 과거 '정부 정책에 따라 정원을 내어줬더니
결국에는 다른 대학으로 가더라'는 경험은 정책에 대한 불신을 더
욱 심화시킬 수 있습니다. 다시는 '좋은 대의'를 이유로 양보하지 않
을 겁니다.

다시 불필요하고 지나친 갈등에 대하여

저는 갑작스럽고 급조된 분절적 정책이 제안되거나 전문가들의
의견이 배제된 정책, 혹은 제안된 정책의 내용이 이해되지 않는 경
우에는 자연스럽게 색안경을 끼고 보게 되었습니다. 이 시대를 살

면서 자연스럽게 체득한 일입니다. 명백하게 이상해 보이거나 덜 익은 정책을 마주할 때마다, 저보다 더 전문적이고 더 큰 책임을 지는 사람들이 내놓는 숨은 이유를 저 나름대로 상상하게 되었습니다. 불행하게도 그런 상상과 소문은 저만의 것이 아니고 상당한 공감과 설득력이 있어 쉽게 떨쳐내기 어려울 때도 있었고, 시간이 지나면서 더욱 믿게 될 수밖에 없는 경우도 있었습니다.

약 15년 전, 강제적이고 전면적인 의전원 제도 도입에 대해 논의하던 자리에서 원로 학장 한 분이 교육부(당시 교육인적자원부) 국장급 인사에게 크게 질책하시던 장면이 기억납니다.

"의학교육은 수백 년 동안 있었고 많은 사람들의 노력으로 서서히 발전해 왔습니다. 나는 수십 년간 의학교육을 해왔지만 매 사안을 결정할 때마다 늘 고민하고 조심스러웠습니다. 당신네들은 얼마나 의학교육을 고민해 왔기에 이렇게 함부로, 이렇게 가볍게 정책을 밀어붙이는 겁니까?"

2020년 파업 이후 의사 인력 양성과 관련한 논의에서, 이제는 기존의 주장과 틀을 벗어나 큰 그림을 그리고 양방향 대화를 통해 진정으로 우리의 앞날을 위한 설득력 있는 정책이 수립될 수 있을지 지켜봐야 합니다. 그동안 반복되어 온 판박이식 줄다리기가 되풀이되지 않기를 바랍니다. 설사 정원을 증원하더라도, 밑 빠진 독에 물 붓기가 되지 않도록, 그리고 그 증원이 '독(毒)'이 되지 않도록 정원 증원 여부를 결정하기에 앞서 해야 할 일은 없는지 잘 살펴주시기 바랍니다.

왕 규 창

- 서울의대 명예교수 (국립암센터) 신경외과학
- 대한민국의학한림원 제8대 원장
- 아시아대양주소아신경외과학회 회장 2023.01. ~ 2023.12.
- 국제소아신경외과학회 회장 2012.09. ~ 2013.09.
- 대한소아신경외과학회 회장 2010.05. ~ 2011.05.

의대생 증원 정책과
과학적 근거

• 박혜숙 •

2020년 문재인 정부는 매년 400명씩, 10년간 총 4,000명을 증원하는 방안을 제안했지만, 전공의와 의대생들의 반발로 인해 코로나 펜데믹 상황이 안정된 이후로 재논의하기로 합의한 바 있다. 이후 의학한림원에서는 2022~2023년 걸쳐 의대 정원 정책에 대한 심층적 분석 과제를 수행하고, 그 결과를 바탕으로 정책 결정 시 고려해야 할 사항들을 정리하여 정부와 사회 각계에 꾸준히 건의해 왔다. 이러한 건의는 2023년 10월, 보건복지부 장관과 의학한림원 원장단의 간담회 자리에서도 이어졌다. 이 자리에서 의학한림원은 그간의 연구 결과를 토대로, 의대 정원 증원이 의료의 공급과 수요에 영향을 미치는 새로운 요인들과 의학교육 환경까지 함께 고려한 신중한 접근이 필요하다는 의견을 개진하였다.

그러나 보건복지부는 갑작스럽게 2024년 2월, 매년 2,000명씩 5년간 증원하여 2035년까지 총 1만 명의 의사를 추가로 배출하겠다는 계획을 발표하였다. 이는 각 대학에 배정하는 증원 인원에 대해서도 의학교육 가능성에 대한 고려와 원칙 없이 이루어진 계획이었다.

보건복지부의 의대 정원 2,000명 증원 발표 이후, 해당 수치의 추계 방식에 대한 논쟁이 이어졌다. 의학한림원은 보건복지부가 근거로 제시한 세 편의 논문을 평가하고, 비판적 해석을 제시하였다. 이들 논문은 인구 기반의 단순 추계를 바탕으로 다양한 증원 시나리오를 제시하고 있으며, 시나리오의 가정과 결과 간에는 편차가 존재한다. 또한 의료 제도나 정책 변화에 따라 의사 공급이 과잉이 될 가능성도 함께 언급하고 있다.

그러나 보건복지부는 이러한 다양성과 불확실성을 충분히 반영하지 않은 채, 특정 수치만을 근거로 해석했다는 비판을 받고 있다. 또한 의료 제도와 수가체계, 국민의 의료 이용 행태, 의사의 활동 영역과 지역 분포, 인공지능 등 의료기술의 발전과 같은 요소들도 충분히 고려되지 않았다. 이러한 복합적 요인을 반영한 과학적 근거 기반의 정책 수립이 필요하다는 반론이 제기되었다.

정부는 세 연구의 추계 결과와 각계의 의견을 종합해 정책 결정을 내렸다고 설명했다. 실제로 법원이 의대 정원 2,000명 증원의 근거를 제출하라고 요구하자, 정부는 세 연구의 추계와 각계 의견을 반영한 '정책적 결정'이라는 입장을 내놓았다. 즉, 구체적인 수치에 기반한 과학적 근거라기보다 정책적 판단임을 내세우며 한발 물러선 답변을 내놓은 셈이다.

그러나 의학한림원의 세 보고서 분석에서 보건복지부의 해석이 잘 못되었다고 공개 발표한 이후에도 정부는 여전히 '동의할 수 없다'는 입장을 밝혔으며, 세 연구의 추계 결과와 의견 수렴을 종합한 '근거 기반 정책'임을 주장했다.

결국, 정부가 내세운 것이 과연 진정한 의미의 '과학적 근거'였는가에 대한 논쟁이 지속되고 있다. 어떤 자료든 정책의 근거로 활용될 수는 있지만, 전 국민의 건강과 직결되는 의사 인력 정책을 수립하고 실행하는 데에는 보다 엄밀하고 다각적인 과학적 근거가 필수적이다. 이번 정책 결정 과정에서 이러한 과학적 근거가 충분히 확보되었는지, 또 실제 정책 내용에 어떻게 반영되었는지를 면밀히 검토하는 과정이 반드시 필요하다.

과학적 근거란 무엇인가?

과학적 근거에 기반한 정책이란, 가장 관련 있는 최신 정보를 체계적으로 탐색하고 평가한 뒤, 이를 실제 정책 결정에 적용하는 과정을 말한다. 이때 사용되는 정보는 체계적이고 재현 가능하며 오류가 없는 연구 결과여야 하며, 가능한 메타분석 등 높은 수준의 근거가 우선시된다. 또한 정책을 수립할 때는 단순히 연구 결과만을 근거로 삼는 것이 아니라, 해당 정책이 가져올 이득과 위험, 불편, 비용 등 다양한 요소를 함께 따져보는 과정이 필수적이다. 즉, 선택에 따르는 이득과 위험을 명확히 평가하고 여러 요소 사이의 균형을 맞추는 것이 중요하다.

이번 정책 결정을 과학적 근거의 관점에서 살펴보면 다음과 같은 문제가 드러난다.

첫째, 근거 논문의 선정 절차가 체계적이지 않았다. 정부가 제시한 논문은 단 세 편에 불과하며, 의협 등에서 제시한 다른 연구 결과들은 포함되지 않았다. 이처럼 다양한 결과를 검토하지 않고 일부만 선택한 접근은 편향된 해석으로 이어질 수 있다. 과학적인 근거는 핵심 질문의 설정부터 검색 전략, 자료원 선정, 포함·배제 기준의 명확화 등 일련의 절차를 체계적으로 거쳐 선정되어야 한다.

둘째, 제시된 세 편의 논문에 대한 오류 검토 및 질적 평가가 충분히 이루어지지 않았다. 특히 한 논문에서는 내가 속한 예방의학 분야가 이미 과잉 상태라고 보고하고 있으나, 이는 현실과는 명백히 다른 결과다.

셋째, 과학적 합성 과정을 거치지 않았다. 세 편의 논문은 의사수 증원에 대해 다양한 수치와 범위를 제시하고 있으며 그 범위의 편차는 크다. 따라서 이러한 연구들을 하나의 결론으로 해석하기 위해서는 연구들 간의 이질성 및 동질성에 대한 평가가 선행되어야 하며, 과학적 합성 과정을 거쳐야 한다. 즉, 개별 수치만을 취사선택하여 임의의 결론을 도출하는 것은 적절하지 않다.

넷째, 정책 개입에 따른 변수 변화를 고려하지 않았다. 의사 수 추계는 본질적으로 미래를 예측하는 모형이므로, 정책 개입에 따라 주요 변수들이 달라질 수 있다는 점을 반드시 고려해야 한다. 현재는 단순한 증원 정책뿐만 아니라 필수의료 패키지와 같은 다양한 개입이 논의되고 있으므로, 이러한 변화 가능성을 반영해 추계를 재조정할 필요가 있다.

다섯째, 의사 수 증가에 따른 이득과 위험을 함께 고려하는 접근이 부족했다. 의사 수가 늘어나면 의료 접근성은 향상될 수 있지만 의료수가 인상이나 국민 의료비 증가 등의 문제가 발생할 수 있다. 이처럼 득과 실을 균형 있게 평가한 뒤, 사회적으로 수용 가능한 적정 수준을 설정하는 과정이 필수적이다.

여섯째, 교육 수용 가능성에 대한 현실적인 검토가 부재했다. 단순히 공간이나 인프라를 확보하는 것만으로는 충분하지 않으며, 해부 실습, 임상 술기, 병상 기반 교육 등 소프트웨어적인 교육 여건까지 종합적으로 고려해 실제 수용이 가능한 수준인지 점검해야 한다.

일곱째, 정책 대상자와의 소통이 필수적이다. 증원의 직접적 영향을 받는 의대생은 물론이고, 이들을 실제로 교육해야 하는 교수진 등 주요 대상자들과의 충분한 논의와 조율이 반드시 선행되어야 한다.

위와 같은 단계들을 충분히 고려하고 검토한 후에야, 보다 신중하고 타당한 정책 결정이 이루어질 수 있다.

추계를 위한 자료가 충분히 갖추어져 있었는가?

정부는 줄곧 세 편의 논문을 근거로 제시하며 과학적 추계를 주장해 왔지만 국회나 의료계, 법원 등에서 보다 과학적이고 객관적인 자료 제출을 요구하자, 오히려 '귀하들이 주장하는 내용의 근거를 먼저 제시하라'며 반문하기도 했다. 그러나 실제 지금은 과학적 추계를 하고 싶어도 필요한 자료 자체가 충분히 구축되어 있지 않다. 의사 수 추계는 단순한 수치 계산이 아니라 다양한 변수와 방대한 데이터를 필요로 하며, 이는 단기간에 확보되거나 개별 연구자가 감당할 수 있는 수준이 아니다.

이러한 비판 이후, 정부는 별도의 추계위원회를 출범시켜 의사 수 추계를 진행하겠다고 밝혔다. 그러나 위원회를 단순히 구성하는 데 그칠 것이 아니라, 이를 효과적으로 운영하고 실질적인 정책 도구로 기능하게 하려면 그 기반이 되는 자료 구축이 반드시 병행되어야 한다. 실제로, 2024년 의학한림원 과제로 수행된 〈의사 인력 거버넌스를 위한 기초자료 프로파일링〉 연구에서도 '의사 인력 관련 기초 데이터 확보' '수급 추계를 위한 자료 수집 및 생성체계 마련' '통합 데이터베이스 및 실시간 모니터링 체계 구축' '장기 수급 추계모형의 다차원적 개발' '지속 가능한 추계 모델 개발' '데이터 기반의 정책 접근' 등이 필요하다고 제안된 바 있다.

따라서 자료원을 수집·연계·생산할 수 있는 거버넌스 체계를 선행적으로 구축해야 할 뿐만 아니라, 의료 인력의 특성과 수급 구조를 대표할 수 있는 통합 데이터베이스를 체계적으로 마련하고, 의료 환경의 변화를 지속적으로 추적해 이를 반영할 수 있도록 정기적이고 구조화된 데이터 수집체계도 함께 갖춰야 한다. 이러한 기반 위에서야 비로소 실제 정책에 적용 가능한 다양한 추계 방법론을 활용할 수 있으며, 과학적이고 신뢰도 높은 추계가 가능해질 것이다.

마무리

의사 수 추계를 둘러싼 여러 논의 끝에 정부가 별도의 추계위원회를 출범시킨 것은 분명 의미 있는 첫걸음이다. 이제 중요한 것은 이 위원회가 형식적인 조직에 그치지 않고, 실질적이고 신뢰할 수 있는 추계 모형을 만들어가는 데에 초점을 맞추는 일이다. 의료 현장의 복잡성과 미래 불확실성을 충분히 반영하면서, 다양한 이해관계자와의 협의 속에서 균형 잡힌 결과를 도출해내는 체계로 자리 잡기를 바란다. 단단한 기초 위에서 운영되는 위원회가 향후 의료 인력 정책의 설계와 실행에 있어 든든한 나침반이 되어주기를 바란다.

박 혜 숙

- 이화의대 예방의학
- 대한민국의학한림원 회원소통이사
- 국립암센터 암정복추진기획단 암예방관리 연구분야위원
  2025 ~ 현재
- 질병관리청 만성질환연구포럼 조사활용분과위원장 2024 ~ 현재
- 제6차 국민건강증진종합계획 총괄위원회 위원 2024 ~ 현재

  제2부 2,000명 논란의 본질: 비과학적 정책과 시스템 비판

2,000명 증원,
의료 현장의 균열

• 박광성 •

2024년 2월 6일, 의대 정원을 2,000명 증원하겠다는 정부의 발표는 한국 의료시스템의 지형을 근본부터 뒤흔들었다. 의과대학에서 비뇨의학과 교수로 33년간 근무하고 정년을 1년 앞둔 나에게도 영향을 주었다. 의대 교수의 본분인 학생교육과 전공의 수련교육을 하지 못하는 안타까운 상황까지 오게 되면서, 결국 마지막 강의는 하지 못했다. 2025년 2월 정년퇴임을 하면서 비뇨의학과 전공의 없이 교수들만으로 사진을 찍었다.

2024년 2월 29일 아침, 전공의 수료 기념 행사는 조용히 취소되었다. 매년 2월 말이면 4년 차 전공의들의 퇴국식과 함께 사진 촬영이 있었지만, 작년에는 달랐다. 정부의 의대 정원 2,000명 증원 발표 이후, 전공의들은 병원에서 모습을 감췄다. 사진 한 장조차 남기지 못한 그날의 풍경은 의료 현장이 겪고 있는 깊은 균열을 상징적으로 보여주고 있었다.

3월에 임용 예정이던 신입 전공의 1년 차들도 임용 서류를 제출하지 않았다는 소식이 들렸다. 최근 10여 년 동안 비뇨의학과 지원율이 매우 저조했는데, 이번에는 3:1의 경쟁률을 뚫고 합격한 2명의 전공의가 임용될 예정이었다.

4월이 되자, 정년을 1년도 남겨두지 않은 나에게도 응급실 당직 요청이 왔다. 나는 세부 전공이 남성의학과 전립선 질환이어서 평소에 응급 환자를 볼 기회가 드물었다. 따라서 비뇨기계 손상 환자를 봐야 하는 응급실 당직은 부담이 많았다. 외래 환자는 간호사들이 있기 때문에 전공의가 없어도 큰 영향을 받지 않지만, 수술은 조수가 필요하기 때문에 어떻게 해야 할지 걱정이 되었다. 마침 의무장을 맡고 있는 젊은 교수가 수술 조수를 자청해서 고마웠다. 시간이 지나면서 보건지소나 지방의료원에서 근무하던 공중보건의사들이 일정 기간 수술과에 배치되면서, 수술 보조 인력 부족 문제가 일정 부분 해소되었다.

나는 2025년 2월 정년퇴임이 예정되어 있어, 2024년에 의학과 2학년 학생을 대상으로 마지막 강의를 준비하고 있었다. 교수로서 마지막 강의(Last lecture)는 큰 의미가 있다. 학생뿐만 아니라 교실 교수들과 의과대학 학장님을 비롯해 보직 교수들이 참석해 축하와 감사를 나누는 소중한 전통이 이어지는 자리다. 그런데 여름이 되어도 의대생들이 복귀하지 않아, 결국 마지막 강의를 할 수 없었다.

가을이 되자, 전공의들은 병원에서 사직 처리가 되면서 개인병원이나 종합병원에 취직했다. 의과대학 학생들도 휴학 기간이 길어지면서, 남학생들은 일반병으로 군에 입대하기 시작했다. 의사면허증을 취득하면 군의관으로 가거나 공중보건의사로 근무하게 되는데, 복무 기간이 3년인 데 반해 일반병 복무 기간은 2년도 되지 않기 때문에 일반병 입대가 현실적으로 더 이득이다. 이 문제에 대해 정부가 대책을 세우지 않으면 향후 군의관과 공중보건의사를 확보하는 데 어려움이 클 것으로 예상된다.

대한비뇨의학회는 1년에 두 차례 학술대회를 개최한다. 춘계학술대회에서는 연수 강좌 중심의 전공의 교육 프로그램이 포함되고, 추계학술대회에서는 연구 논문에 대한 초록발표가 있다. 2024년에는 전공의들이 거의 없어 춘계학술대회 때 전공의를 위한 교육 프로그램이 축소되었고, 추계학술대회에서는 발표 논문 수가 약 30%나 감소하였다. 이러한 연구 실적의 감소는 국내 의학계의 국제 경쟁력 저하로 이어질 수 있다는 우려를 낳고 있다.

정부는 2035년까지 1만 명의 의사 인력을 확충해 필수의료와 지역의료를 강화하겠다는 목표를 제시했다. 그러나 이번 의정 사태로 인해 오히려 필수의료와 지역의료가 더 큰 피해를 입고 있는 듯하다. 전공의들의 집단 사직과 업무 중단으로 수련병원 중심의 3차 의료기관의 진료 기능이 위축되었고, 이는 지방 및 중소병원 의료진의 유출로 이어져 정부의 의도와 달리 지방 병원의 필수진료 유지가 어려워지는 역효과를 낳았다. 결과적으로 진료 지연 등으로 인해 의료 소비자인 국민들이 심각한 피해를 보고 있다.

이번 의정 사태는 의료 현장의 균열을 초래했다. 미래 의료의 주축이 될 의대생들의 수업 거부로 향후 의료 인력 공백의 장기화가 우려된다. 이러한 의료 현장의 균열은 단순한 의료 정책 문제가 아니라, 사회 전반의 신뢰를 훼손하고 제도적 체계의 위기로 확산될 조짐이 보인다. 국민과 의료계, 환자와 의사, 교수와 학생 사이의 신뢰에도 균열이 생기고 있다.

의정 사태를 겪으면서 정부와 의료계, 시민 모두 우리나라 의료의 현실과 문제점을 알게 되었다. 의대 정원은 의사추계위원회에 맡겨 수요와 공급을 예측하면서 조절되어야 한다고 생각한다. 앞으로 의정 사태가 해결되면 의대생과 전공의들의 복귀가 예상된다. 그러나 대학에서는 휴학생과 신입생이 동시에 수업을 받아야 하는 상황이 예상되므로 강의실 확보, 교육과정 조정 등의 대책이 필요하다. 특히 의학교육의 질 저하로 인한 학습 격차 및 임상 역량 저하가 발생하지 않도록 철저한 사전준비가 요구된다.

전공의는 값싼 의료 인력이 아니라 미래의 의료 인력으로서 국가 의료시스템을 지속적으로 유지하고 발전시키는 핵심적인 역할을 한다. 따라서 정부는 전공의에 대한 투자를 확대하고 권익을 보호해 주어야 한다. 대학병원에서는 전공의들의 수련 환경 변화와 의료 보조 인력과의 업무 구분 등에 대한 대책 마련과 고민이 필요하다.

지방의료 활성화를 위해서는 지방 거점병원에서 수준 높은 진료를 받을 수 있도록 의료 인프라가 확충되어야 하고, 2차병원인 의료원의 진료 역량 개선도 함께 이뤄져야 한다. 지방에 거주하는 환자들이 지역의료기관에서 서울 소재의 주요 상급종합병원과 동일한 수준의 진료를 받을 수 있다면, 굳이 시간과 비용을 들여 서울까지 이동해야 할 필요성이 줄어들 것이다.

정부에서 의대 정원 2,000명 증원을 추진하게 된 동기 중 하나는 우리나라가 올해 초고령사회에 진입하면서 향후 고령화로 인한 의료 수요가 폭증할 것이라는 예측이다. 그러나 이 문제를 비용과 시간이 많이 드는 의료 인력 양성만으로 해결하려는 접근이 과연 적절한지에 대해 생각해 볼 필요가 있다. 대신, 우리나라의 바이오산업 육성을 통한 개인 맞춤형 건강관리, 디지털 전환을 통한 의료 접근성 확대, AI를 활용한 효율적인 자원 운영 및 진료 지원 등을 통해 의료 인력 부족 문제를 해결하는 방안도 충분히 고려되어야 한다.

사람은 건강하게 장수하기를 희망한다. 초고령사회로의 진입은 인구학적으로 주목할 만한 변화이지만 현실에서는 긍정적으로만 받아들여지지 않는다. 기대수명은 증가하고 있으나, 건강수명이 정체되어 있기 때문이다. 따라서 향후 국가 보건의료 정책의 최우선 과제 중 하나는 국민의 건강수명 연장이 되어야 한다. 건강한 고령 인구의 증가로 의료비 절감과 삶의 질 향상이라는 두 가지 목표를 동시에 달성할 수 있다. 초고령사회가 사회 전체의 부담으로 여겨

지지 않으려면 실효성 있는 정책의 수립과 이행이 필수적이다.

이제는 국민의 신뢰를 떨어뜨릴 수 있는 단기적 처방이나 대중의 인기에만 의존한 정책이 아닌, 지속 가능하고 책임 있는 정책이 추진되어야 할 시점이다.

박 광 성

- 전남의대 명예교수 (빛고을 전남대병원) 비뇨의학
- 대한민국의학한림원 기획이사
- 한국백세인연구단장
- 국제성의학회 사무총장 2020 ~ 2024
- 대한비뇨의학회 편집위원장 2012 ~ 2024

필수의료 패키지는
왜 독이 되었나?*

· 이주영 ·

지난 18일 의료인력수급추계위원회의 내용을 포함한 「보건의료기본법」 일부개정법률안이 국회 보건복지위원회를 통과했다. 정부는 그간 의료계의 입장을 최대한 수렴했으며, 의료인력수급추계위원회의 구성 또한 의료계의 요구사항을 이례적으로 수용했다는 입장이지만 의료계의 생각은 다른 것으로 보인다.

지난 1년 동안 정부와 의료계는 반목했고, 의료계는 직역별로 갈라섰다. 각 직역은 다시 젊은 세대와 기성 세대로 양분되었고, 정부가 새로운 정책을 발표하거나 국회가 새로운 법안을 통과시킬 때마

---

* 이 글은 대한민국의학한림원 2025년 제47호 뉴스레터에서 발표한 것이다.

다 분열의 골은 더 깊어졌다.

이 모든 갈등의 시작은 대한민국 의료의 대변혁, 혹은 대붕괴를 불러온 이른바 '의료개혁'이었다. 정부가 발표한 '필수의료 패키지'의 주요 내용은 본래 의료계가 오랫동안 염원해 온 것들과 다르지 않았다.

"역량 있는 의료 인력을 확충하고, 의료전달체계를 정상화하며, 지역의료를 재건한다."

"필수의료에 대한 충분하고 공정한 보상과 더불어 환자-의료진 모두를 위한 의료사고 안전망 구축을 목표로 한다."

그렇다면 모두가 원했던 필수의료 패키지는 왜 독이 되었을까?

1975년 미국의 심리학자 에드워드 데시(Edward Deci)와 리처드 라이언(Richard Ryan)은 인간의 기본 심리 욕구에서 출발한 내재적 학습 동기가 개인의 성취와 만족에 어떠한 영향을 미치는지를 다룬 이론을 발표하였다.

이 연구에 따르면, 개인은 자신의 행동을 자율적으로 결정하고 통제할 수 있을 때 동기가 높아지고, 외부의 압력에 의해 행동을 강요받는 경우 동기의 감퇴와 동시에 행동의 질적 요소 또한 악화된다고 본다. 즉, 인간이 어떠한 선택을 내리거나 행동을 실행함에 있어 '자신의 결정 권한'이 얼마나 작용했는지가 긍정적 결과를 이끄는 핵심이라는 것이다.

이 연구에 의하면 '자기결정성'이란 자율성(autonomy), 유능성(competence), 관계성(social relatedness)의 세 가지 요소로 구성된다. 자율성이란 자신의 행동을 스스로 결정함과 동시에, 이를 통제하고 자기조절하는 능력이 상호 보완적으로 작동하는 상태를 의미한다. 유능성은 지속적인 향상 욕구를 자극하여 자기효능감을 고취시키며, 때로는 고통과 위험을 감수하게 만든다. 이를 인정받으려면 필연적으로 사회와의 상호작용이 요구되기 때문에 유능성은 개인을 넘어 타인 혹은 집단과의 관계성을 증진시키는 효과도 함께 불러일으킨다. 관계성이란 단순히 상대로부터 무엇을 획득하거나 사회적 지위를 확인하기 위한 것이 아닌 의미 있는 관계 그 자체, 즉 개인이 환경 속에서 안정적으로 존재할 수 있게 만드는 요소로 본다. 이러한 관계성은 공동체 내 소속감으로 이어지고, 나아가 공동체에 기여하고자 하는 욕구를 유발한다.

정부와 의료계의 입장은 이 지점에서 큰 차이를 보인다. 정부는 집행 부처의 자율성, 정책 집행의 유능성, 그리고 국민 전체와의 관계성이 가장 중요하기 때문에 정부 주도의 통제 중심의 정책 방향성을 제시한다. 반면 의료계는 의사 개인의 자율성, 의학 지식과 기술의 유능성, 그리고 동료 의료진 및 개별 환자와의 관계성이 업무 수행의 핵심이므로 외부의 통제 자체를 수용하기 어렵다.

더 근본적으로는, 정부는 의사를 포함한 국민 개개인에 대해 외적 조절이나 유인이 없으면 자생적 동기가 작동하기 어려운 존재로 인식하고, 정부의 통제나 지원을 체계 운영의 필수적 요소로 상정한다. 반면 의사들은 학습 및 생활을 통해 이미 수십 년에 걸쳐 획득한 높은 수준의 내재적 동기를 체화한 까닭에 정책의 내용을 떠나 그러한 통제나 지원 자체에 강한 경계와 거부감을 가지게 된다. 바로 이러한 점이 극단적 갈등의 바탕에 있는 것이다.

이는 의료계에만 국한된 문제가 아니다. 사업, 교육, 기술 개발에 대해서도 현 시점의 대한민국 정부는 진영을 막론하고 통제하거나 과도하게 개입하는 방식의 정책을 확대해 왔다.

스웨덴의 국제연구기관인 민주주의다양성연구소(V-Dem)가 최근 발표한 〈민주주의 보고서 2025〉에 따르면, 한국은 자유민주주의 국가가 아니라 그 한 단계 아래인 '선거 민주주의'로 분류되었다(이 연구는 전 세계 179개국의 정치 체제를 '폐쇄된 독재정권' '선거 독재정치' '선거 민주주의' '자유민주주의'의 네 단계로 분류한다). 이 기관이 민주주의와 다양성을 어떤 방식으로 체계화했는가에 대해 개념적 논란은 있을 수 있다. 그러나 전공의를 포함한 의료인들에 대한 처단을 명문화한 계엄 포고령이 내려지고, 개인의 휴직과 사직, 휴학 및 신체의 자유를 가볍게 여기는 정부의 조심성 없는 발언들을 돌이켜 볼 때 어떤 지표로 평가하더라도 작금의 대한민국이 자유민주주의가 잘 보호되는 나라라고 하기는 어려울 것이다.

그러므로 의료의 공급자이자 기술의 수행자인 의사들이 최대한 적극적으로 참여할 수 있는 올바른 의료개혁을 위해서는, 기존의 통제 패러다임을 바꾸어 개인의 의지와 역량을 존중하는 방향으로 정책을 변환할 필요가 있다. 현재의 인구구조 변화, 기존 보험체계의 한계, 재정의 지속 불가함을 고려할 때 시간이 많지 않기에 개혁은 포괄적이고 신속하게 추진되어야 한다.

역량 있는 의료 인력을 확충하기 위해서는 한국의학교육평가원의 전문성과 독립성을 강화하여 의학교육의 수월성을 꾀함과 동시에, 급변하는 세계 의학 지식 및 의학교육학의 흐름에 발맞추기 위한 활발한 교류의 통로를 적극적으로 열어야 한다.

교육 중심의 전공의 수련 환경 개선을 위해서는 체계화된 진료 과목별 수련 커리큘럼을 제도화하고, 교육을 담당하는 교수들에게 통상의 업무가 아닌 오직 교육에 전념할 수 있는 시간을 보장하며, 명확한 기준에 입각하여 전공의와 교수가 서로를 평가할 수 있는 시스템이 갖춰져야 한다. 이를 현실화하려면 전공의는 물론 교수의 업무 시간도 조율되어야 한다. 또한 국민의 건강증진과 대한민국 의료 수준의 지속적 향상이라는 범국가적 목적을 위해 국가 재정이 반드시 투입되어야 할 것이다.

의료전달체계의 정상화와 지역의료 재건을 위해서는 현재 과도하게 분산되어 있는 권역응급센터 및 외상센터 등을 과감히 통폐합하고, 규모의 진료 및 규모의 당직이 가능하도록 대량 고용이 가능한 거대 거점을 지정하여야 한다. 지역의료가 정상화 궤도에 오르기 전까지는 재정, 고용, 사법리스크 등에 대해 국가의 전폭적이고 예외적인 지원이 필요하다. 아울러 119 이송체계를 개편해 응급 환자 이송의 효율성을 높이고, 구급차량 이용에 있어 빈번히 발생하는 도덕적 해이에 대한 대책도 논의해야 한다.

핵심의료에 대한 정당한 가치 책정은 그 학문과 기술의 명맥이 끊기지 않게 하기 위한 최소한의 필요조건으로, 적어도 OECD 평균 수준까지 단계적으로 수가를 현실화해야 한다. 다만 현실적인 재정 문제를 감안하여 핵심 영역에 대한 전 국민 건강보험 보장을 강화하되, 과도한 보장성으로 건보체계가 붕괴하지 않도록 비핵심 영역에 대한 시장 자율을 과감히 열어 주어야 한다. 이는 신의료기술 및 신약 도입을 활성화하여 개별 의료기관의 건보 재정 소모를 줄임과 동시에 환자 입장에서도 더 넓은 선택권을 보장받을 수 있게 할 것이다.

의료 낙후 지역에 대해서는 지역 가산과 소멸 위기 지역에 대한 파격적인 유인책도 필요하다. 군의관 수급 부족을 미리 예측해 군 의료 영역에 투신하는 의료진들에게는 시장을 압도하는 수준의 보상과 명예를 미리 준비해 두어야 대한민국의 국방 또한 지킬 수 있다.

환자-의료진 모두를 위한 의료사고 안전망은 국민의 인식 개선과 사법부의 도움 없이 난망한 일로, 의료계의 요구 혹은 행정부의 결단만으로는 가능하지 않다. 의료계는 외국과의 교류, 의견 수렴, 대국민 홍보 등을 통해 인식 전환을 꾀하고, 자문 인증의 등 제도를 강화하며, 학회 및 의사회가 적극적으로 교육하고 개입함으로써 일반적이고 정상적인 의료행위가 과도한 기준에 걸려 사법의 철퇴를 맞는 일이 발생하지 않도록 실질적인 방안을 먼제 제안해야 한다.

3월이 지나고 있다. 봄이 가면 한 번에 교육해야 할 의대생은 3배수가 된다. 그리고 조심스럽게 전망하건대, 이번 사태를 20대의 뇌에 강렬히 새긴 지금의 의대생들은 향후 수련 과정을 밟는 선택도, 핵심의료에 종사하겠다는 선택도 하지 않을 가능성이 높다. 현재의 의대생과 전공의들은 비현실적이고 무계획적인 의료개혁의 위험성과 국가 주도의 의료시스템이 지닌 허상을 명확히 인식하고 있기 때문에 개인의 내재적 동기를 배제한 의료개혁은 스스로를 위해 가장 합리적인 선택을 내리는 개인들에 의해 필연적으로 실패하게 될 것이다.

그러나 대한민국 국민의 한 사람으로서, 부디 그런 결말을 마주하게 되지 않기를 진심으로 바란다. 지금도 고통받고 있는 환자들과 그 가족들, 배움의 기회를 빼앗긴 학생과 전공의들, 체계와 지식을 지키기 위해 현장에서 고군분투하고 있는 의료인들에게 위로를 전하며, 보다 나은 대한민국 의료의 내일을 위해 자발적으로 소통하고 민주적으로 합심하며 전략적으로 설득할 수 있는 의료계의 지혜를 기대해 본다.

이주영

- 대한민국 제22대 국회의원
- 순천향대학교 천안병원 임상부교수 2015.12. ~ 2024.02.
- 서울아산병원 전문의 2008.03. ~ 2012.02.

'비커 속의 개구리' 한국 의료,
어떻게 될 것인가?:
소통과 공감을 바탕으로 집단 지성 발휘해야

• 김한중 •

시작하는 말

'토포필리아'는 고향처럼 특정 장소에 깊은 애정을 품는 감정을 말한다. 서울에서 태어나 살아온 나에게는 고향에 대한 특별한 애착은 없지만, 1968년 대학에 입학한 후 40년 넘게 머문 캠퍼스의 '청송대'는 나의 토포필리아다. 처음에는 청송대의 '청'을 '푸를 청(靑)' 자로 알았으나, 실제로는 '들을 청(聽)' 자였다. 바람에 흔들리는 소나무 소리까지 듣는 곳이라 하여 백낙준 박사가 붙인 이름이다.

지금의 의료시스템은 끝이 보이지 않는 어두운 터널을 달리는 열차와 같다. 사태 초기만 해도 당사자 간의 대화와 협상을 통해 타

협안을 도출할 수 있으리라 기대했지만, 실상은 날 선 공방만 이어졌다. 정부는 2,000명 증원이 의료 문제 해결의 전제라는 오판에 집착하며 강경 대응했고, 관료들은 여전히 권위적인 태도를 고수했다. 반면, 의사들과의 소통은 소홀히 했다. 의·정 간 구성된 의료 현안 협의체에서 사전 논의도 없이 정부가 의사 증원을 일방적으로 발표해 신뢰가 무너졌다.

의료계 역시 책임을 피해갈 수 없다. 의협의 리더십 부재와 혼란, 전공의와 의대생들의 침묵 투쟁, 잦은 주체 변경 등으로 일관된 대응이 어려웠다. 특히 젊은 세대가 주도한 저항은 희생적이었지만 사회와의 공감대를 형성하진 못했다. 의사 증원 반대 외에 사회에 효과적으로 전달된 메시지도 부족했다.

이번 사태는 단순히 교육이나 수련의 공백을 넘어, 의료계 안팎의 신뢰를 깊이 흔들었다. 학생과 전공의 교육의 직접 당사자인 학교와 병원은 논의의 중심에서 밀려났고, 사제 간의 신뢰도 손상되었다. 오늘 이 발표가 훼손된 신뢰를 회복하고, 뉴노멀 시대의 의료를 함께 설계하는 계기가 되길 바란다.

의료개혁 정책의 허(虛)와 실(實)

1. 적정 의사 수에는 정답이 없다

의료 현장에서는 의사 부족 현상이 나타나기도 하지만 '의대

2,000명 증원'은 과학적 근거 없이 추진되었다. 의사 수 추계는 여러 가정에 따라 결과가 달라지며, 기술 발전과 인구 고령화 등 다양한 변수도 반영되어야 한다. 특히 AI 기술은 의사 수요를 줄일 수 있다. 또한 진료체계와 보상 구조에 따라 필요한 의사 수는 크게 달라진다. 우리나라처럼 생산성이 높은 구조에서는 적은 인력으로도 높은 접근성을 유지할 수 있다.

2. 의사 수를 늘린다고 필수의료·지역의료가 살아나진 않는다

정부는 필수의료와 지역의료의 위기를 단순히 '의사 부족' 탓으로 돌렸지만, 이는 잘못된 진단이다. 낙수 효과로 문제를 해결하겠다는 생각은 시대착오적이며, 실질적인 원인에 기반한 맞춤형 대책이 필요하다. 문제는 의사 수 자체가 아니라, 의사들이 필수의료와 지역의료를 기피하게 만드는 구조적 요인에 있다.

3. 의사들이 기피하는 것은 '필수의료'가 아니라 '불합리한 건보체계'다

필수의료는 고위험·고난도 진료와 응급 진료를 포함하지만 건강보험 수가 통제, 과도한 책임 부담, 의료사고 위험 등으로 인해 기피의 대상이 되고 있다. 반면 낮은 위험과 높은 수익을 보장하는 비급여 진료는 더욱 매력적으로 느껴진다. 이는 의료의 본질적 가치를 추구했던 젊은 의사들에게 좌절을 안기고 있다.

4. 지역의료의 핵심은 일차의료 강화와 응급 이송체계 확립이다

의료기관을 지역에 많이 세운다고 해서 지역의료가 살아나는 것은 아니다. 중요한 건 취약 지역의 일차의료 강화와 중증 응급 환자 이송체계 구축이다. 과거 공중보건의 제도나 지역 중심의 의료전달체계 등의 경험에서 교훈을 찾아야 한다. 전국이 1일 생활권인 우리나라에서는 '거점 완결형'보다 환자의 상태에 맞춘 '중앙-지역 협력형' 시스템이 필요하다.

5. 대학병원은 한국 의료의 주춧돌이지만, 한계도 분명하다

대학병원은 교육·수련·진료의 중심축이며 세계적으로도 높은 평가를 받고 있다. 과도한 환자 집중으로 인해 의료전달체계가 약화되고, 교육과 연구 기능이 희생되고 있다. 전공의의 과중한 업무, 교수의 과도한 부담도 구조적인 문제다. 이들이 감당하지 못하면 결국 의료시스템 자체가 흔들릴 수 있다.

6. 한국 의료는 공공과 민간의 경계가 희미하다

우리나라의 민간 의료기관은 건강보험 당연지정제를 통해 공공기관과 동일한 기준으로 운영된다. 민간병원도 공익적 역할을 수행해 왔으며, 오히려 더 치열한 생존 경쟁을 겪는다. 공공의료 확대는 중요하지만 왜 비효율적으로 운영되는지, 소비자들이 왜 이용을 기피하는지에 대한 이유를 찾아야 한다. 아울러 국내 의료기관은 모두 비영리 법인으로, 투자 회수가 불가능한 구조다. 과거 정부는 의료에 대한 공공투자 여력이 없었을 시기에 민간 부문 투자를 유도했고, 여러 법적 제도를 통해서 공공성을 보장해 왔다.

'비커 속 개구리', 한국 의료

한국의 건강보험은 매우 짧은 기간 내에 전 국민을 대상으로 한 제도로 완성되었지만, 그만큼 무리도 따랐다. 특히 관료주의가 제도 설계와 운영에 깊이 개입하면서 의료기관은 건강보험 진료를 법적으로 강제받게 되었고, 의사들은 국가의 수요 독점 구조 속에 놓이게 되었다.

그중 가장 민감한 사안은 '보험수가'다. 현재의 수가는 원가 이하 수준으로, 젊은 의사들은 한국 의료를 '비커 속 개구리'처럼 서서히 죽어가는 구조로 인식하고 있다. 초창기에는 일부만 가입한 상태라 감내할 수 있었지만 보험 환자가 늘자, 병원들은 비급여 진료를 통해 손실을 보전해 왔다. 특진비, 병실 차액, 신의료기술 등이 여기에 해당하며, 실손보험의 보편화는 비급여 진료의 확대에 일조했다.

그러나 보장성 강화 정책으로 비급여 항목이 급여화되며 대학병원의 수익 기반은 축소되었고, 현재는 로봇수술이나 건강검진 정도만이 주요 수익원으로 남았다. 비급여 수요는 개원가로 쏠렸고 병원들은 '박리다매'식 진료량 증가로 대응했지만, 이는 의료진의 과도한 노동을 초래했다. 검사나 시술이 적은 진료과는 병원 내에서

제2부 2,000명 논란의 본질: 비과학적 정책과 시스템 비판

도 지원을 받기 어려운 상황이다.

정부가 추진 중인 혼합진료 금지 정책은 병원들이 의존해 온 비급여 보전 구조를 붕괴시킬 수 있다. 과거 헌법재판소는 당연지정제를 합헌으로 판단하며 비급여를 통해 수익을 보전할 수 있다는 점을 이유로 들었다. 그러나 비급여 축소는 결국 진료량 증가와 의료진 과로로 이어진다.

지나치게 규제 중심의 정책은 또 다른 규제를 낳고, 젊은 의사들은 정부가 설계한 '가두리 양식장' 같은 의료시스템을 거부하고 있다. 그들은 편법에 기대지 않고, 정당한 진료에 정당한 보수를 받고 싶어 한다. 그리고 궁극적으로는 생명을 살리는 본연의 직업적 사명을 통해 국민에게 신뢰를 받고 싶어 한다.

소통과 공감의 부재

2024년 2월, 의대 정원 증원 발표 당시 정부는 의료계의 반발을 과소평가했고, 전공의들도 금방 복귀할 것이라 예상했으나 이는 오판이었다. 2026년도 정원만 원점회귀했을 뿐, 의정 간 신뢰는 더욱 악화되었다. 이 갈등이 장기화된 배경에는 '소통'과 '공감'의 부재가 자리하고 있다.

1. 정부: 일방적 정책 추진과 공감 결여

정부는 의료계와 사전 논의 없이 의대 정원 증원을 단행하고, 발표 후에도 의료계와의 실질적 소통 없이 국민 홍보에만 집중했다. 언론과 일부 학자는 의사들을 '악마화'했고, 수련 현실이나 의료 현장의 어려움에 대한 공감은 없었다. 의료계의 진정성 있는 호소에도 귀 기울이지 않고, 정책의 정당성만 반복 주장했다.

2. 의료계: 폐쇄적 소통과 감정적 대응

전공의와 의대생은 사직과 휴학 등 강경 투쟁만 반복했으며, 구체적 메시지 없이 SNS로 간헐적 소통을 시도해 국민과의 거리감만 키웠다. 의협은 불안정한 리더십을 보였고, 비대위들은 경쟁하듯 등장했다가 사라졌다. 환자의 불안에 대한 공감도 부족했고, 분노와 폐쇄성, 세대 간 소통 방식의 세대 차이가 의사들의 메시지를 왜곡시켰다.

3. 정당: 정쟁에 몰두한 정치권

여야 모두 정책적 논의보다는 책임 공방에 치중했고, 갈등을 중재하기보다는 정쟁의 소재로 이용했다. 청문회에서도 날 선 질문과 무성의한 답변만 오갔으며, 여당은 의료계와 진지한 대화를 시도하지 않았다. 오히려 야당이 더 적극적으로 문제 해결에 나선 정황도 있었다.

4. 언론: 자극적 보도와 편향된 서사

언론은 초기에 의사 증원과 정부 정책을 지지하며 의사에 대한 혐오 감정을 확산시켰고, 이후에는 입장을 바꾸며 의사들의 주장을 보도하기도 했다. 그러나 전반적으로 감정적 대결 구도를 조장했고, 젊은 의사들의 불안과 고민에 대한 이해는 부족했다. SNS와 유튜브 등 대체 플랫폼이 더욱 영향력을 발휘했지만, 그로 인해 현실과 동떨어진 인식을 양산하기도 했다.

5. 환자와 시민사회: 침묵한 피해자들

환자들은 의료 공백으로 직접적인 피해를 입었지만, 목소리를 내는 데 소극적이었다. 시민단체와 환자단체도 중재자 역할을 하지 못했고, 갈등 양측에 대한 깊이 있는 분석과 공감의 노력이 부족했다. 결론적으로, 갈등의 당사자 모두가 일방적인 주장에 치우쳤고 실질적인 대화는 실종되었다. 타인의 입장을 이해하고자 하는 공감이 결여된 채 정당화에만 집중하면서 사회적 피로감과 불신만이 깊어졌다.

미래 의료

의학 기술의 발전 방향은 '정밀의료'와 '디지털의료'로 나아가고 있다. 그러나 의료 제도와 정책은 예측하기 어렵고, 장기간에 걸친

의료 사태를 경험한 지금, 충격적인 변화도 배제할 수 없다. '뉴 노멀'이란 기존의 표준이 바뀌고 새로운 현실이 일상화된 상태를 뜻하며, 의료 분야도 예외는 아니다.

의료계가 말하는 리셋은 희망적일 수 있지만, 실제 변화는 고통스럽고 적응은 쉽지 않다. 이제는 고성장 시대를 지나 저성장과 고령화, 의료비 증가에 대응하여 지속 가능성(sustainability)과 비용 억제가 중심 과제가 될 것이다.

1. 건강보험을 대체할 민영보험의 가능성은 낮다

건보 재정 위기가 민영보험으로의 전환을 촉진할 것이라는 전망은 현실성이 낮다. 건강보험은 단기보험으로 수지 조정이 쉽고, 과거 위기도 빠르게 안정되었다. 실손보험은 과잉 보장과 도덕적 해이 문제를 일으켰으며, 향후 제도 개선이 필요하다. 국민건강보험을 완전히 대체하는 민영보험의 등장은 사회적 수용성이 낮아 어렵고, 일부 고급 진료에 대한 선택권 수준에 그칠 것이다.

2. 민간 중심의 의료 공급 구조는 유지될 가능성이 크다

한국은 공공의료 자원이 전체의 10%도 되지 않아, 사실상 민간 중심이다. 이는 과거 국가 예산의 우선순위와 빠른 의료 수요 증가에 민간이 유연하게 대응한 결과다. 하지만 이 구조는 정부 규제를 받는 '비영리' 병원이며, 공공 역할을 강제받고 있다. 효율성과 경쟁력이 떨어지는 공공의료는 오히려 더 위축되고 있다. 꼭 필요하다면 지방 국립의대 신설보다는 특수 목적 의대를 특정 지역에 설립하는 등의 보다 현실적인 대안이 요구된다.

3. 의료 자원은 줄이거나 최소한 더 늘리지 않을 것이다

의료 자원(병상, 장비)은 이미 OECD 상위권 수준이며, 과잉 공급은 의료비 증가의 원인이 되어 왔다. 과거에는 자원의 확충이 성장에 기여했지만, 인구 감소와 제로성장 시대에는 자원 축소 또는 동결이 '뉴 노멀'이 될 것이다. 수도권 병상 억제 정책도 재개되었으며, 이제 의료 정책은 '성장'이 아닌 '관리'의 시대로 접어들 것이다.

4. 진료비 지불제도의 변화가 의사에게 큰 도전이 될 것이다

현재는 환자가 아닌 정부와 보험자가 진료비를 사전에 결정하는 전향적 지불 방식이 보편화되었다. '행위별 수가제'에서 '포괄수가제'나 '가치 기반 수가제', '관리의료(managed care)' 등으로 점차 바뀌고 있으며, 이는 의료비 억제 정책으로 추진될 것이다. 의료계는 이러한 변화의 흐름에 주체적으로 대응하고, 제도 설계와 실행 가능한 대안을 마련해야 한다.

5. 의사들은 새로운 성장의 장으로 나아가야 한다

이국종 교수의 조언처럼, 성장이 가능한 분야로 나아가려는 자세가 필요하다. MZ세대 전공의들은 성취와 자기 성장을 중시하며, 수련 과정이 발전에 도움이 되지 않는다면 다른 길을 모색할 것이다. 의대생과 전공의는 지적 우수성이 입증된 집단으로, 의사뿐만 아니라 창업가, 연구자, 정책가, 글로벌 전문가로의 확장 가능성을 충분히 갖추고 있다. 미래는 의사 역할의 다변화를 요구한다.

맺는 글

1년 4개월간 이어진 의정 갈등은 단순한 정책 다툼을 넘어 의료 체계 전반에 깊은 상흔을 남겼고, 갈등이 끝난 후에도 의사 공급 공백 등 현실적인 후유증이 지속될 것이다. 변화는 불가피하며, 의료 인과 환자 모두 다시 적응해야 할 것이다. 그러나 가장 심각한 후유 증은 각 집단 간의 신뢰 붕괴다.

이제 우리는 집단 지성을 통해 의료의 미래를 함께 설계해야 한 다. 집단 지성은 다양한 집단이 서로의 경험과 데이터를 바탕으로 협력해 창의적이고 지속 가능한 해법을 도출해 내는 힘이다. 인터 넷 기술은 이러한 협업의 가능성을 더욱 넓혀주고 있다.

의정 갈등은 옳고 그름의 문제가 아니라 국민 건강, 의료 인력의 미래, 재정의 지속 가능성 등 복합적 요소가 얽힌 구조적 문제다. 의 료 현장의 생생한 경험과 의사들의 전문 지식은 현실적인 대안의 출발점이 되어야 하지만, 제대로 소통되지 않으면 ‘집단 이기주의’ 라는 오해를 받을 수 있다. 따라서 정부, 국회, 의료계, 시민사회 등 다양한 이해관계자들이 동등하게 참여해 문제의 본질을 함께 직시하고, 해법을 공동 설계하는 집단 지성 기반의 협의체가 필요하다. 단, 의사들을 단순히 들러리로 세우는 방식은 갈등을 반복하게 만든다. 의료 현장의 중심에 있는 의사들의 목소리는 정책 논의의 주체(captain)로 존중되어야 한다.

미래는 주어지는 것이 아니라 함께 만들어가는 것이다. 성장이 둔화되는 뉴 노멀 시대에는 공공성과 자율성, 첨단기술과 인간성이 조화를 이루는 의료시스템이 절실하다. 진정한 소통과 공감을 바탕으로, 우리는 갈등 해소를 넘어 의료의 지속 가능한 미래를 열어가야 한다.

김 한 중

- 차의과대학교 이사장
- 연세의대 명예교수
- 일가재단 이사장 2020.06. ~ 2024.06.
- 연세대학교 총장 2008.02. ~ 2012.01.
- 대한예방의학회 이사장 2006.12. ~ 2008.06.

일차의료의 침묵
: 의정 갈등 속에서 잊혀진 필수의료의 목소리

• 조비룡 •

2024년부터 본격화된 의정 갈등은 단순한 의대 입학 정원 확대를 둘러싼 논쟁을 넘어, 한국 의료체계의 구조적 취약성과 분절적 정책 결정의 민낯을 드러낸 사건이었다. 수천 명의 전공의가 사직서를 제출하고, 대형병원 수술실과 중환자실이 멈춰 서는 위기적 상황 속에서 정부는 강경 대응으로 일관했고, 의료계는 분열과 피로 속에서 자구책을 모색해야 했다. 그러다 보니 '중요하지만 긴급하지 않은' 목소리들은 거의 들리지 않았다. 대표적인 예가 바로 '일차의료'다.

일차의료의 본질과 침묵의 역설

일차의료는 단순히 경증질환을 진료하는 수준을 넘어서 노인, 만성질환자, 취약계층의 지속적인 건강관리와 지역사회 기반 돌봄을 책임지는 보건의료의 중심축이다. 또한 보건의료체계에서의 관문(gatekeeper)으로서, 의료 자원의 적정 이용과 연속성 있는 돌봄을 제공하는 기능을 수행한다.

그러나 이번 사태에서 일차의료는 언론과 국민의 관심에서도, 정부의 정책 설계에서도 배제되었다. 정부는 전공의 공백과 3차병원 위기를 강조하며 국민 불안을 호소했고, 의료계 내부 역시 입학 정원, 수련체계, 의료 인력 정책을 중심으로 한 긴급한 의제에 집중할 수밖에 없었다.

왜 일차의료는 침묵할 수밖에 없었는가? 그 이유는 단순한 무관심이 아니라, 구조적 배제와 내부 전략의 부재 때문이다. 보건의료 정책 결정 과정에서 일차의료는 대표성을 확보하지 못했고, 전달체계 개편이나 지역 일차의료 강화는 우선순위에서 밀려나 있었다. 실제로 지역사회 의료 현장의 목소리는 중앙 정치와 행정의 결정 테이블에 닿기 어려웠고, 국민과의 소통 역시 단절되어 있었다.

의료계 내부의 자성: 일차의료 모델은 준비되어 있었는가?

이 시점에서 중요한 질문은 의료계 내부에 먼저 던져야 한다. 의료계는 일차의료를 제대로 준비하고 있었는가? 예방과 건강증진, 만성질환 관리, 복합적 건강 문제를 가진 고령 환자들을 '사람 중심'으로 돌보는 구조적 모델은 충분히 제시되어 있었는가? 아쉽게도 대답은 "그렇지 않다"는 것이다.

의료계는 그동안 질병 중심의 임상 패러다임에 익숙해져 있었고, 복합 만성질환과 사회적 취약성을 함께 지닌 환자들을 구조적으로 수용할 수 있는 일차의료 인프라와 교육, 수가, 전달체계를 충분히 발전시키지 못했다. 가정의학과를 포함한 일차의료 전문가 집단 내에서도, 이러한 과제를 '보조적' 영역으로 간주하는 경향이 일부 존재했다.

이제는 정책 비판을 넘어, 의료계 내부에서도 일차의료의 본질에 대한 성찰과 실천 모델 정립이 필요한 시점이다. 특히 고령화, 만성질환 증가, 건강불평등 심화라는 구조적 변화 속에서 일차의료는 단지 하나의 진료과가 아니라 보건의료체계를 지탱할 핵심 전략이 되어야 한다.

일차의료 회복을 위한 정책과 실천의 방향

이러한 관점에서 우리는 다음과 같은 구조적 전환을 모색해야 한다.

첫째, 일차의료 중심의 전달체계 재설계와 수가 구조 개편이 시급하다. 현재의 저수가, 단절된 진료체계는 연속성과 총체적 접근을 요구하는 일차의료의 성격과 맞지 않는다. 필수의료 수가의 현실화, 지역 가산의 정교화가 함께 논의되어야 한다. 특히, 일차의료 수가는 투입된 비용 외에도 제공되는 노력과 산출된 가치까지 함께 고려되어야 한다.

둘째, 우리나라 현실에 맞고 국민이 신뢰할 수 있는 '주치의 제도'의 법제화 및 단계적 도입이 필요하다. 건강보험 시범사업을 넘어, 법적·행정적 기반 위에서 지역 기반의 주치의가 고령자, 만성질환자, 취약층의 지속적 건강을 책임질 수 있는 모델이 마련되어야 한다.

셋째, 정책 거버넌스에서 일차의료 전문가들의 실제적인 목소리가 반영될 수 있는 구도가 필요하다. 단순 자문이 아니라, 정책 설계의 초기부터 평가까지 연속적으로 참여할 수 있는 구조가 갖춰져야 한다. 이는 의학교육과 보건행정에 대한 연계된 개편과도 맞물려야 한다. 일차의료의 역할은 국민들의 가치관과도 밀접하게 연결되어 있어, 이런 부분 또한 반영되어야한다.

맺으며: 침묵을 넘어서

이번 의정 갈등은 눈에 보이는 문제에 급급하게 대응하면서, 장기적이고 구조적인 문제를 충분히 다루지 못했다. 전공의의 사직과 대형병원의 진료 공백이라는 '급한 불'을 끄는 데 집중한 나머지, 일차의료라는 '중요한 일'은 우선순위에서 밀려났다.

하지만 고령화와 만성질환 증가라는 거스를 수 없는 변화 앞에서, 일차의료는 우리 의료체계를 떠받치는 중추적인 전략이 되어야 한다. 제대로 된 일차의료가 작동하지 않으면 의료비는 기하급수적으로 증가하고, 국민 삶의 질은 근본적으로 낮아질 수밖에 없다.

그러나 이번 위기에서 의료계, 특히 일차의료를 담담해야 할 전문가 집단이 이에 즉각적이고 명확한 대응을 하지 못했다는 점 또한 자명하다. 의료계는 먼저 스스로 일차의료의 가치를 구체화하고, 실현 가능한 모델을 제시해야 할 책임이 있다.

오늘날과 같이 디지털 기술과 인공지능 기술이 급속도로 발전하는 시대에는, 일차의료의 역할과 모형 또한 시대 변화에 맞게 재정의되어야 한다. 일차의료는 단순 진료를 넘어 전문의료, 지역 돌봄, 사회복지와 연계된 복합 플랫폼으로 기능해야 하며, 그 안에서 국민의 삶의 가치와 건강 결정요인을 통합적으로 고려하는 시스템적 접근이 요구된다.

따라서 의료인, 특히 일차의료 전문가들은 이제부터라도 일차의료의 구조와 내용, 전달 방식, 기술 연계 방안, 국민과의 신뢰 형성

방식에 대해 더 깊이 고민하고 사회에 제시할 수 있어야 한다. 동시에 국민들에게 일차의료가 무엇이고, 왜 중요한지에 대해 보다 적극적으로 알리고 공감대를 형성하는 노력이 병행되어야 한다.

조비룡

- 서울의대 가정의학
- 대한민국의학한림원 4분회
- 대한노인병학회 12대 이사장 2024 ~ 현재
- 서울의대 가정의학교실 교수 1999 ~ 현재

의료 플랫폼을 지키려는
노력의 부족

• 장철훈 •

지금 의료계는 긴 터널을 지나고 있다. 특히 우리나라뿐만 아니라 전세계의 미래 의료를 책임질 의과대학 학생들은 너무 가혹한 처분을 당하고 있다. 2만 명이 넘는 학생들이 1년 반을 교실과 임상 실습 현장에서 떠난 손해를, 누가 무엇으로 보상해 줄 수 있을까? 인생의 특정 시기에 습득해야 할 지식과 경험이라는 것이 있는데, 대학생활을 하면서 그것들을 체득할 기회를 날려버린 학생들을 생각하면 너무나 가슴이 아프다.

정부는 적절한 근거와 충분한 준비 없이 전 국민에게 미치는 영향이 막대한 소위 '필수의료 정책 패키지'를 갑작스럽게 시행했다. 해당 정책에 대해 전공의, 의협 등 의료계의 여러 공식·비공식 단

체들은 그것이 미충족 의료 수요를 해결하기 위한 방안이 되지 못
한다는 것을 논리적으로 설명하면서 정책의 폐기 혹은 대폭 수정을
주장했다. 학장들, 교수들, 학생들 역시 그 정책이 안고 있는 교육적
측면에서의 문제점들을 지적하며 같은 요구를 했다.

그러나 정부는 아마도 정책의 일관성을 유지하기 위해서인지는
몰라도, 발표한 정책의 수정 가능성을 원천 차단하는 태도로 일관
했다. 더군다나 정책 시행 초기, 우리 국민들은 전문가들의 주장보
다 정부의 정책에 더 많은 지지를 보냄으로써, 정부가 이를 밀어붙
일 수 있는 정당성을 부여해 주었다.

2024년 초, 의대 입학 정원 2,000명 증원이 발표된 이후 지금까
지 의료계에서는 토론회, 학술대회, 칼럼, 방송 등에서 많은 사람들
이 이 정책의 문제점들을 지적해 왔다. 나 역시 그간 제시되어 온
의료계의 주장에 대체로 공감한다. 그렇기에 오늘 이 글에서 의료
계의 주장을 반복하는 것은 새로운 일이 아니다.

또한 지난 1년 반 동안, 그중 대부분은 내가 의과대학의 학장을
맡고 있던 기간인데, 그 시기에 진행된 일을 회고하거나 편년체로
정리하는 것 역시 이 글을 읽는 이들에게 새로운 정보를 줄 것 같지
않다. 그래서 오늘 이 글에서는 내가 의료계에 몸담아 온 수십 년 동
안 우리 의료계에 대해서 가져왔던 아쉬운 마음을 드러내고자 한다.

오래전, 아마도 20년쯤 전에 한 의사와 의대 정원과 관련한 대
화를 했던 기억이 난다. 그때는 2000년 의약분업 정책이 발표되고
우여곡절 끝에 시행된 지 얼마 되지 않은 시점이었고, 대학에서는

M.D.들이 기초의학을 외면하는 현실에 대해 우려하던 때였다.

나는 평소에 이런 생각을 갖고 있었다. '의료계가 합심하여 기초의학자 양성을 지원하면 좋겠다.' 의과대학 졸업생 중 기초의학을 전공하거나, 전통적인 physician의 길이 아닌 다른 길—언론계, 정부 부처, 세계보건기구 등 해외 기관 파견 등—을 가고자 하는 사람들에게 10년 정도 연구비나 활동비를 지원하면 어떨까?'

가령 연간 5천만 원 정도를 지원한다고 해도, 그것만으로 졸업생들이 진로를 바꿀지 의문이다. 그렇지만 의료계가 그런 노력을 하다 보면, 적어도 지금보다는 기초의학을 전공하거나 다른 분야로 진출하는 사람들이 많아질 것이다. 이들이 전체 졸업생의 5% 정도가 된다면 연간 75억 원, 10년 누적으로는 연간 750억 원 정도가 들 텐데, 재원 마련이 가능할까?

우리나라의 활동 의사 수를 대략 10만 명이라고 했을 때 전공의 등을 제외하고 어느 정도 경력이 되는 개업의와 봉직의 수가 5만 명 정도는 될 것이고, 이들이 연간 200만 원 정도를 추렴하면 연간 1천억 원이 된다. 따라서 그 정도의 재원을 마련하는 것은 불가능하거나 무리가 되는 일은 아니다. 다만, 과연 그래야 하는 당위성이 있는가의 문제일 뿐이다.

내가 생각하는 당위성은 세 가지다.

첫째, 의사들이 그토록 원하는 입학 정원 감축 효과가 있다. Physician의 시장으로 들어오는 인력이 줄어들면, 입학 정원이 그대로여도 정원이 줄어드는 것과 마찬가지가 아닌가?

둘째, 의사들의 입지가 강화된다. 언론계, 정계, 정부 관리 등 사회의 각 분야에서 활동하는 의사들이 많아지면 그들이 영향력을 미칠 수 있을 때 의사들의 입장이 더 많이 반영될 것은 자명하다. 더구나 이들이 사회 진출 초기에 의료계의 지원을 받아 성장할 수 있었기 때문에 관계가 더욱 가까워질 것이다.

셋째, 이게 가장 중요한데, 우리나라의 의료 플랫폼을 건강하고 지속 가능한 구조로 만들 수 있다는 점이다. 우리가 최고 실력을 갖춘 M.D.들로부터 받은 양질의 기초의학 교육을 후배 세대들도 경험할 수 있게 해야 의료계가 지속적으로 발전할 수 있다. 동시에 의료계는 책임 있는 전문가 집단으로서 사회에 많이 기여하고 있다는 긍정적인 이미지를 심어줄 수 있는 것이다.

대략 나는 이런 취지로 이야기를 했고, 당시 내 말을 듣던 의사도 이에 공감해 주었던 것으로 기억한다.

이번 의정 갈등 상황이 벌어졌을 때, 일반 국민들이 의료계를 바라보는 시선은 매우 싸늘했다. 내 주변의 많은 사람들이 정부 정책이 무리한 것이라는 점은 인정하면서도 의사가 필요하다는 데 대해서는 하나같이 공감하는 분위기였다. 소위 '응급실 뺑뺑이'와 시골 지역의 의사 부재 상황에 대해 마치 의사들만의 잘못인 양 그들에게 분노하곤 했다.

그들의 말에 대한 반론으로, 우리나라의 의료 수요가 적절히 충족되고 있는지를 보여주는 여러 지표들―의료 접근성, 평균 수명, 예방 가능한 사망률 등―이 다른 선진국에 비해 매우 우수하다는 점을 설명해도 그들은 그것을 그다지 믿고 싶어하지 않았다.

우리는 우리나라의 의료가 거의 모든 분야에서 질적으로 매우 우수할 뿐만 아니라 의료 이용의 편의성이나 의료 접근성이 매우 우수하다는 것을 잘 알고 있다. 또한 우리나라 의사들이 매우 효율적으로 진료를 하면서 국민들의 의료 수요를 잘 해결해 주고 있다는 것은 통계 자료들이 잘 설명해 주고 있다. 객관적인 데이터는 나쁘지 않다.

반면, 일반 국민들은 의료계를 그렇게 보지 않는다. 많은 국민의 눈에 의사들은 집단 이기주의에 빠져 있고, 오로지 자신들의 밥그릇 지키기에만 몰두하는 파렴치한 집단으로 비친다. 말하자면, 의료계는 '국민 밉상'인 것이다.

그 이유는 무엇일까? 의료계는 국민의 마음을 얻지 못했다. 의료계는 그동안 '의료'라는 플랫폼을 당연한 것으로 간주했고, 이를 유지하고 발전시켜야 할 대상이라고 생각하지 않았다. 그리고 누군가가 이 플랫폼을 약화시키려고 할 때는 오로지 드러눕는 방식으로 그것을 지키려 했다. 예를 들어 PA 양성화, 문신 시술 자격자 문제, 성분명 처방, 의사 수 증원 등 의사들의 영역에 대한 침해가 시도될 때마다 의료계의 반응은 (적어도 내가 생각할 때는) 무척 단순했다. 논의조차 이루어지지 않도록 막아버린 것이다. 그렇게 할 수 있었던 건, 전문 직종이 가진 대체 불가능한 지위에서 비롯된 힘 때문이었다.

또 다른 예는 '실손보험 타먹기'다. 무릇 보험이란, 확률적으로 적은 수의 사람들에게 장래 예기치 못한 상황이 생기면 그걸 해결해 줄 요량으로 다수의 사람이 미리 돈을 내는 상호부조가 아닌가? 그런데 이러한 보험을 계산된 확률보다 훨씬 더 많은 사람이 사용한다면, 그런 보험체계를 지속될 수 없다. 전문가 집단으로서 의료계의 자정 노력이 아쉬운 부분이다.

이 같은 일들이 의료계에서 지속적으로 반복되면서, 의료계를 바라보는 국민과 정부의 시선은 차가워졌다. '저비용으로 좋은 의사에게 언제든지 진료받을 수 있는 환경'이라는, 우리 의료계가 만든 전 세계적으로 유례없는 시스템에 대한 찬사는 어디에도 없다. 부정적인 시각이 의료계가 이룩한 성과를 덮어버리기에 충분할 정도가 되고 말았다.

의료계는 잘못된 방식으로 힘을 과시하다가 국민 밉상이 되었다. 정말로 힘자랑을 했어야 할 때는 따로 있었다. 예컨대 이대목동병원 신생아실 의사들이 구속되었을 때나, 응급실 의사들이 구속되었을 때나, 정신건강의학과와 비뇨의학과 의사들이 피살되었을 때, 의료계는 힘자랑을 하지 않았다.

그러면 이제 우리는 어떻게 해야 할까? 나는 의료계가 장기간에 걸쳐 국민의 마음을 사려는 노력을 해야 한다고 믿는다. 의협은 홍보 전문가를 영입하고, 의료계의 입장을 대변해 줄 수 있는 우군을 확보해야 한다. 적절한 진료행위가 이루어지도록 내부 윤리 감시체계를 갖추어야 한다. 의사들의 타 직종 진출을 적극 지원하고, 좋은 의사를 양성할 수 있는 지원책을 마련해야 한다. 그렇게 해서 우리 국민들이 진정으로 우리 의사들을 존경과 사랑의 눈으로 바라볼 수 있게 해야 한다.

지금 당장 학생들과 전공의가 수업과 진료 현장을 떠나 있는 상황에서 너무 한가한 대책일까? 급한 일들에 대해서는 지금 의협을 비롯한 많은 단체와 기관들이 다양한 노력을 하고 있을 것이다. 그건 그들에게 맡길 일이다. 그러나 급한 불만 끄고 난 다음, 장기적인 대책을 세우지 않으면 상황은 더욱더 나빠질 것이다. 그러니 의료계의 한 축에서는 신속하게 의료 플랫폼을 강화할 수 있는 장기적인 계획을 세우고 추진해야 한다.

그러기 위해서는 많은 재원이 필요할 텐데, 이는 내부에서 조달해야 한다. Physician으로 생활하기 시작한 때부터 일정 기간이 지난 의사들은 연간 수입의 1% 정도를 플랫폼 유지·발전 비용으로 내면 좋겠다. 특히 의사들 중 자녀들이 의사인 경우에는 그들이 더 많은 기여를 해야 한다고 생각한다. 의료 플랫폼의 장기적인 유지·발전이 더욱 절실한 사람들이 아닌가?

의사들은 종합소득세를 내기 위해 수입의 일정 부분을 빼놓고, 예기치 못한 의료사고를 대비해서도 일정 부분을 빼놓는다. 이제 의사들은 우리가 의업에 종사할 수 있게 만들어 준 의료 플랫폼을 지속적으로 유지하기 위해 수입의 일정 부분을 떼어 놓을 필요가 있다. 우리의 플랫폼은 거저 주어지는 것이 아니고, 우리가 아무 일을 하지 않아도 현재 상태로 계속 유지될 수 있는 것도 아니다. 노력을 쏟아부어야 유지·발전시킬 수 있는 것이다.

우리가 의료 플랫폼을 유지·발전시키고자 하는 것은 대의적으로 그게 옳기 때문이다. 우리 국민들에게 근거에 기반한 안전한 의료를 제공하기 위해서 그런 체계가 필요하기 때문이다. 우리는 지금까지 우리의 의료체계를 지키고 발전시키는 것이 대의적으로 옳은 일이지만 국민들을 설득하는 데 실패했기 때문에 그 체계를 제대로 지키지 못했다. 그것은 이중의 잘못이다. 좋은 의료체계가 무너지는 것을 막지 못함으로써 국민들에게 피해를 안기게 되고, 의사들이 정당한 대접을 받지 못하는 것이다.

한국전쟁에 참전한 유엔군의 군수사령관 위트컴 장군이 부산역전 대화재가 발생했을 때 이재민들에게 군수품을 지원해서 본국의 의회 청문회장에 섰다. 그때 장군은 "전쟁은 총칼로만 하는 것이 아니다. 그 나라의 국민을 위하는 것이 진정한 승리"라고 진술했다. 청문회 후 장군은 처벌을 받기는커녕 더 많은 군수물자를 가지고 한국으로 돌아올 수 있었다.

국민들의 마음을 산다는 것이 그렇게 중요한 일이다. 우리가 우리 국민들의 마음을 사지 못하면, 의료 플랫폼을 둘러싸고 있는 둑은 계속해서 무너질 것이다.

장 철 훈

- 부산의대 진단검사의학
- 제35대 부산의과대학장
- 대한민국의학한림원 7분회
- 부산대학교 의과대학 학장 2023.03. ~ 2025.02.
- 한국보건산업진흥원 신기술개발단장 2015.04. ~ 2017.08

의정 사태 동안
난생 처음 '고발'을 해보고

· 김나영 ·

이번 주 월요일 밤, 의료 대란 속에서 느낀 소회를 모아보자는 메일을 받았다. 글을 잘 쓰면서 의료 대란 중 당직으로 고생을 많이 한 누군가에게 부탁할 요량으로 "잘 알겠습니다. 찾아보겠습니다"라는 답장을 보내고, 권오정 분회장님으로부터 매우 고맙다는 메일까지 받았다.

그리고 어제 오후, 서울시의사회 부회장 자격으로 의대 정원 증원 문제에 대한 두 번째 〈대담한 대담〉에 나가면서, 다시 한번 지난 1년간의 개인적 경험을 되돌아보게 되었다. 그리고 잊고 있었던 '박민수 차관 고발'이라는 큰 사건이 떠올라, 이를 글로 정리하는 것이 좋겠다는 생각이 들었다.

2024년 2월 2,000명 의대 증원이 발표된 직후, 많은 전공의가 사직을 결행하고 의대생들은 동맹휴학으로 반대 의사를 표하고 있었다. 나는 그 시기에 한국여자의사회 총무이사이자, 서울의대 함춘여자의사회 회장직을 맡고 있었다. 2월 20일 화요일 오후, 한국여자의사회 백현욱 회장님에게서 전화가 왔다. 치료내시경으로 하루 종일 바빴던 터라 이날 오전에 무슨 일이 있었는지조차 몰랐는데, 박민수 차관의 발언과 관련해 한국여자의사회 이름으로 성명서를 써보라는 다급한 요청이었다.

나는 현재 내 상황이 너무 힘들다고 하소연하며 어렵게 거절했다. 한숨을 돌리고 밤에 메일을 열어보니, 서울의대 함춘여자의사회는 왜 입장문을 내지 않느냐는 내용이 있었다. 그제야 "내가 명색이 회장인데" 하는 현실로 돌아오면서 성명서를 작성해야겠다는 생각이 들었다. 시킬 사람도 마땅치 않아, 결국 내가 직접 쓰기로 마음먹었다.

그렇게 부랴부랴 밤늦게 성명서를 쓰고, 함춘여자의사회 여러 임원들에게 급하게 피드백을 받아 다듬은 성명서 일부는 다음과 같다.

"보건복지부 박민수 차관은 브리핑 중에 '여성 의사 비율의 증가, 남성 의사와 여성 의사의 근로 시간 차이 등 이런 것까지 가정에 모두 집어넣어서 분석을 하고 있다'는 믿기 힘든 여성 차별적 발언을 했다. 강하게 밀어붙이고 있는 의대 증원을 합리화하기 위한 궁색한 논리로 보인다. 의대 증원은 현재 사회적으로 문제가 되고 있는 필수의료 붕괴에 대한 근본 대책이 될 수 없다. 더구나 갑작스러운 2,000명 증원은 실습 위주의 교육을 제대로 이행하기 어려울 뿐만 아니라 시설, 장비, 교수 부족으로 의학교육 부실화를 유발하게 될 것이 자명하다. 또한 의대 정원은 의료 환경 문제에 그치지 않고, 의대 블랙홀로 이공계가 크게 흔들려 과학계의 미래가 없을 수 있음을 직시해야 할 것이다.

정부는 총선에 유리하게 성과를 내야 한다는 조급함 속에서 의료 현장의 현실을 무시하고, 여의사의 능력이 부족하다는 성차별적 시각까지 동원해 정책을 밀어붙여서는 안 될 것이다.

2021년 대한의사협회 자료에 따르면, 의사 137,716명 중 여의사는 35,534명으로 25.8%를 차지하고 있으며, 의대생의 35.1%가 여학생이다. 이들이 우리 대한민국의 의료를 이끌어갈 중요한 인재이자 사회 구성원으로 큰 활약을 할 수 있도록 격려는 못할망정, 제대로 일을 못할 것이기에 더 많은 의대 정원이 필요하다는 논리로 이용되는 것은 좌시하기 어렵다.

우리 여의사의 역사는 말하고 있다. 1900년 볼티모어 여자의과대학을 졸업한 김정동 의사는 한국 의료의 최초 의사로, 1910년 과로로 생을 마감하기까지 평양, 황해도, 서울 지역에서 로제타 홀과 함께 수많은 환자를 돌본 헌신적인 의사였다. 122년 역사를 자랑하는 우리 여의사들은 이처럼 역사적으로 훌륭한 역할을 해왔지만, 여전히 육아와 가정을 책임져야 하는 사회적 문화 속에서 능력 있는 의사로 발돋움하기까지 눈물겨운 고비가 많다. 이러한 역사와 현실을 외면한 박 차관의 발언은 명백한 망발이며, 이에 대해 책임 있는 사과가 반드시 있어야 한다."

이 성명서를 서울의대 함춘여자의사회 홈페이지에 올린 다음 날, 기자들이 인터뷰를 요청하며 "좀 더 강력한 조치를 해야 하지 않겠느냐"고 물었고, 나는 "그러겠다"며 조금 자신 없는 답변을 했다. 그러자 기자는 마치 호재를 만난 듯 "고발이나 고소를 하는 방법도 있다"고 해서 나는 "고발을 하고 싶다"고 했는데, 이 내용이 그대로 언론에 나가게 되었다.

이후 다른 기자가 "언제 고발을 하느냐"는 질문을 하여 서울의대 후배 변호사에게 고발이 정확히 무엇인지 물었고, 그는 "고발은 법률적 행동이고 결국 변호사를 선임해야 한다"고 설명해 주었다. 비용을 물어보니 너무 거금이라 서울의대 함춘여자의사회 단독으로 하기에는 어려움이 있을 거라 느꼈고, 결국 각 의대 여성 동창회나 여교수회에 도움을 요청해야겠다는 생각이 들었다.

놀랍게도 불과 이틀 만에 6개 단체(이대의대 동창회, 연대 여교수회, 연대 여성동창회, 고대 여성교우회, 가대 여성동창회, 분당서울대병원 여교수회)에서 회의를 열고, 함께 고발하기로 결정했다. 변호사를 선임하고, 2월 27일에 정식으로 고발을 진행하게 되었다.

그런데 고발 직전 '탄원인 이름'이 들어가야 한다는 사실을 알게 되어, 6개 단체의 도움과 내가 알고 있는 인맥 라인을 총동원하여 1,151명의 동의서를 첨부할 수 있었다. 고발장에는 "이 땅에서 어머니와 아내, 딸로서 최선을 다해 분투해 온 여성 의사가 남성 의사에 비해 온전한 업무를 수행하지 못해 의대 증원이 필요하다는 충격적인 주장이라는 것", 그리고 고발의 논리는 "양성평등과 다양성을 훼손하고, 일과 가정의 양립을 위해 노력하는 여성 의사들의 노력을 좌절시키며, 국가의 보건복지 및 가정 지원 정책에도 정면으로 반하는 발언으로 인한 명예훼손"으로 적었다.

이후 종로경찰서에서 출두하라는 내용이 왔을 때 많이 떨렸다. 하지만 다행히도 여성 경감이 취조를 담당하였고, 우리 행동에 대해 공감해 주어 다행이라 생각했다. 그 일이 벌써 1년 전의 일이다.

이후 연대 이유미 교수가 제안해, 2024년 3월에 열린 68th Commission on the Status of Women(CSW68) 총회에서 세계여자의사회(MWIA) 김봉옥 부회장님이 우리의 용기 있는 행동을 지지한다는 MWIA 회장의 성명서를 받아오기도 했다.

이후 아산병원 외과 박인자 교수, 영상의학과 김소연 교수의 제안으로 'Let Science, Not Politics, Lead the Way'라는 제목의 Rapid Communication을 Annals of Coloproctology에 게재하기도 하면서 적극적인 여성의 힘을 느낄 수 있었다.

의정 갈등으로 인해 전공의뿐만 아니라 전임의 구하기도 힘든 지금, 번아웃된 많은 교수들이 교수직을 떠나고 있어 아쉽다. 교수로 임용되어 학문에 대한 꿈이 많았을 그들이 이렇게 결정한 이면에 얼마나 많은 고민이 있었을지를 생각하면 마음이 아프다. 그리고 세계에서 가장 눈부셨던 우리나라 의료 제도가 무너지는 모습을 보며 절망감을 느낀다.

윤석열 前대통령이 탄핵된 이 마당에 사태를 이 지경으로 만든 책임자들에 대한 처벌과 함께 정원 복구 조치가 신속히 이루어져야 하는데, 왜 이리 늦어지는지 모르겠다. 아울러 2024, 2025학번 학생들이 6년 내내 수업을 함께 들어야 하는 문제에 대해서도 하루빨리 대책을 세워야 한다. 다행인 점은, 최근 의정 대화 재개 가능성이 거론되면서 복학하는 학생들이 늘고 있다는 것이다. 물론 학생들의 공식적인 입장은 '등록 후 수강신청 철회' 즉, 수업 거부이지만······.

한 국회의원이 국민건강보험공단으로부터 2015년부터 2024년까지 각 연도별 2~7월 병원 입원 환자 및 입원 결과 사망 현황을 제출받아 분석한 결과, 지난해 2~7월에만 3,136명의 초과 사망이 발생한 것으로 나타났다고 한다. 더 큰 피해로 이어질 수 있는 상황에서 병원을 묵묵히 지켜내고 있는 각 병원의 의료진들께 수고 많으셨다고, 조금만 더 버텨보자는 말을 전하고 싶다. 하루빨리 정상적인 의료시스템이 회복되고, 우리 의학계가 다시 힘차게 발전할 수 있기를 간절히 바란다.

김 나 영

- 서울의대 내과학/소화기
- 대한민국의학한림원 3분회
- 대한성차의과학회 회장 2025.01 ~ 2027.12.
- 서울시의사회 부회장 2024.05. ~ 2027.04.
- 한국여자의사회 총무이사 2020.04. ~ 2024.04.

의료 백년대계?
이제는 먼저 냄비 속에서 탈출할 때*

• 한상원 •

2024년 2월 6일 오후, 의학한림원 원장단은 다급해지기 시작했다. 바로 전해인 2023년 11월 23일에 개최된 '의대 정원 조정과 대한민국 의료의 미래'라는 제목의 포럼에서 350~500명 증원을 제안하고 있던 중 '2,000명 증원'이라는 폭탄이 당시 대통령의 입에서 쏟아졌기 때문이다.

2022년부터 주요 언론은 의사 부족을 해결하기 위해 의대 증원을 해야 한다는 전 국민 캠페인에 가까운 기사를 지치지 않고 보도하고 있었다. 때마침 아산병원 간호사가 근무 중 쓰러졌는데, 일반

---

* 이 글은 대한민국의학한림원 2025년 제48호 뉴스레터에서 발표한 것이다.

환자도 아니고 국내에서 가장 큰 병원인 자기 직장에서 신경외과 의사가 없어 치료를 받지 못하고 사망했다는 사실은 사회에 큰 충격을 주었다. 이른바 '필수의료' 문제의 근본적인 이유는 감추어지고 '원죄는 의사 부족 때문'이라는 논리로 몰리고 있었다.

훗날이라고 표현해야 하겠지만, 의대 증원을 해야 한다는 여론을 주도했던 언론사의 고위직 기자를 만날 기회가 있어 왜 그랬냐고 질문한 적이 있다. 뒤에 누가 있지 않고서는 의대 증원의 여론 조성을 기획하여 몰아가기 어려웠을 것 같아 던진 질문이었지만, 당시 사회 분위기는 '여러 가지 의료시스템 붕괴의 가장 큰 원인이 의사 부족 때문이다'라고 해석했다는 답만 돌아왔다. 달리 들으면, 언론도 기업인데 독자의 구미에 맞는 기사를 냈다는 뜻으로도 받아들여졌다. 하긴 시장경제 사회에서 언론사도 기업인데 절대선을 기대하는 것이 무리일 것이다.

다시 당시로 돌아가, 2022년은 의료시스템 붕괴에 대한 사회적 불만이 고조되던 시기였다. '응급실 뺑뺑이' '소아청소년과 오픈런' '필수의료 의사 태부족' '지역의료 의사 구하는 것은 하늘에 별 따기' '하늘 높은 줄 모르는 일부 진료 지원과 전문의 임금 상승', '의대 쏠림으로 고사하고 있는 이공계' '코로나 백신 개발에는 관심 없고 돈만 벌려고 하는 의사' 등등의 선정적인 이슈들은 이를 이용하려는 언론과 정치권에게는 좋은 먹잇감이었고, 의사라는 직종을 공공의 적으로 돌리는 상황이었다. 국민들은 언론과 정치권이 주도한 '문제의 해결 방법은 오로지 의사 수를 늘리는 것뿐'이라는 단순 구호에 취해 있었다.

　물론 의사 사회는 의료시스템 붕괴의 원인이 의사의 수에 있지 않다는 것을 잘 알고 있었다. 주무 부처인 보건복지부 관리들의 말에서도, 당장 의사 수가 다소 부족하지만 문제의 주원인은 아니라는 것을 알고 있음을 엿볼 수 있었다. 필수의료의 붕괴는 정부에서 방치한 필수의료 저수가, 사법부가 조장한 필수의료 의료과실에 대한 형사 범죄화, 지방 인구의 급감 등등 때문인 것은 일반인이라도 조금이나마 관심이 있는 사람이라면 잘 이해하고 있었다. 하나 더 덧붙이자면, 2013년 1339(응급의료정보센터)가 소방청으로 통합되면서 전원 조정 기능이 제대로 작동하지 못한 것도 큰 이유였다. 일부 의료 지원과의 인력난과 고액 연봉은 저 지난 정부의 대중영합주의 의료 정책과 수가 정책의 실패 때문이었고, 일부 개원 의사의 높은 수입에는 보험회사들이 조삼모사식으로 잘못 설계한 실손보험이 일조했으며, 이는 의대 쏠림의 한 가지 이유이기도 했다.

　이유는 알고 있으니 차근차근 근본적으로 해결하는 것이 맞다. 그러나 사회의 분위기에 편승한 언론과 정치권에서 불어온 바람은 시간을 허락하지 않았다. 의사의 수입이 높아서 모든 문제가 비롯되었으니 의사의 수입을 낮춰야 하고, 그렇게 하려면 의사 수를 늘려 지들끼리 경쟁하도록 해야 하며, 그러면 소위 낙수효과로 필수의료와 지역의료도 살고 궁극적으로는 의대 쏠림도 줄어들 것이라는 유치한 논법을 들이댔다.

　이는 그동안 자긍심으로 버텨온 필수의료, 지역의료 지킴이들을 무너뜨렸다. 국가 경쟁력은 뒤로하고, 소득을 하향 평준화해야 한다고 생각하는 권력자가 등장한 결과다. 말로는 시장경제를 주장하면서 공산주의를 떠올리게 하는 평등주의를 주장하는 것을 보면 '평등'이란 단어는 선거를 앞둔 세력에게 어지간히 매력적인가 보다.

사회 분위기가 이러하기에, 2022년부터 의학한림원은 바빠지기 시작했다. 큰일 났다고 생각한 당시 왕규창 원장은 한희철 부원장에게 지시하여 의대 정원 정책에 대한 연구를 시작하였고 박혜숙, 강은교, 장원모, 권복규 교수와 서경화 박사로 팀을 구성하였다.

한편으로는 의협과 협의하여 의사 수를 어느 정도 늘리는 것, 즉 2020년 전공의 파업 때 정부에서 증원하려고 했던 숫자는 증원해야 하지 않겠냐는 생각을 공유하기도 하였다. 다만 당장 증원 숫자를 제시하는 것보다는 추계를 제대로 해야 하는 것이 더 중요하며, 이를 〈의대 정원 정책에 대한 심층적 분석 연구〉라는 보고서로 만들어 2023년 4월에 발표하였다.

한편 의대 증원은 해야겠으나 2020년에 이미 의료계와 의대 정원 동결을 정부가 약속한 바 있으므로, 여론을 등에 업은 거친 돌파를 번복의 수단으로 쓰면서 편가름을 함으로써 증원의 목적도 이루고 정치적인 이득도 거두고자 하는 책략이 있었던 것 같다. 하지만 정부의 실무 부서에서는 필수의료와 지역의료를 살리기 위해 이에 공로가 있는 의료인에게 상을 만드는 것이 좋을 것 같다며, 의학한림원에 상을 만들고 관리하는 것에 대한 자문을 구하기도 했다.

지금 생각해보면 당시의 시각이 다소 한가했던 것은 아닌가 싶기도 하지만, 긍정적으로 보면 그 속내에는 의료계가 수용할 수 있는 범위 내에서 의대 정원을 점진적으로 늘리고 산적한 문제들을 하나씩 풀어나가자는 뜻이 담겨 있었을 것이다. 지금 돌이켜봐도 이는 충분히 수긍이 간다. 다만, 이러한 생각은 실무자의 것이었을 뿐, 권력자의 생각은 전혀 다른 곳에 있었던 것 같다.

다시 처음으로 돌아가서, 이런 분위기에서 2024년 2월 6일 당시 대통령 기자회견은 의료계에는 12월 3일 비상계엄령에 버금가는 충격이었다. 이어서 보건복지부의 대폭 증원과 필수의료 패키지 발표가 이어졌다. 이때 정년퇴임 후 2차병원에서 근무하고 있던 터라 응급실에 가서 근무 중이던 인턴 선생님과 잠시 대화를 할 수 있었다. 이 사태를 어떻게 생각하느냐고 묻자, 그 인턴 선생님은 "정부가 의료 민영화를 밀어붙이는 것이 아닌가요? 그게 아니라면 이처럼 어처구니가 없는 일을 밀어붙일 리가 있겠어요?"라고 반문했다.

이 대화에서 이 정책은 실패할 것이라는 직감이 들었다. 하루 만에 젊은 의사들 사이에 SNS를 통한 긴급한 교류가 있었을 것이고, 그들의 의견이 그렇게 오가고 있었을 것이기 때문이다. 새로 의업을 시작하는 의사 초년생들의 눈에는 이 정책이 불공정하게 비쳤던 것이다. MZ세대를 상징하는 '공정'의 가치에 어긋난다는 점은, 젊은 세대의 단호한 저항이 있을 것을 예고했다. 즉, 젊은 의사들에게 나름의 투쟁 명분이 생긴 것이다.

이때부터 의료계는 의대 증원에 협조한 '범인'을 색출하기 시작했다. 정상이 아니라고밖에 볼 수 없는 행정수반은 그렇다 치고, 그동안 파트너라고 생각한 복지부와 교육부로부터 배신당했다는 인식이 확산되었다. 중간 역할을 한 한국의과대학·의학전문대학원협회(KAMC)는 교육부의 앞잡이라는 취급을 받았고, 급기야 그게 아니었다는 구구절절한 해명이 이어졌다. 각 의과대학의 정원 신청은 결정권자인 총장이 정한 것이라며, 350명 증원이 합리적이라는 성명을 냈다. 의대를 둔 대학교 총장 모임이 생기고 그들이 강한 어조로 증원 철회는 불가능하다는 입장을 밝히자, 전공의와 의대생은 밖으로 내몰리며 사태는 파국으로 치달았다.

그러나 국민의 눈에는 '자기 밥그릇 챙기는 의사들'로 보였고, 이 틈을 타서 당시 여당은 이를 총선용 이슈로 활용하고자 했다. 그러나 의료체계에 불안감을 체험한 국민들에 의해 역풍이 일었고, 결국 다시 대선을 치러야 하는 상황까지 이르렀다.

처음에는 전공의 사직으로 상급종합병원이 심대한 타격을 입었으나, 간호사 인력을 동원해 아쉬운 대로 진료를 이어갔다. 그러나 교수들은 높은 진료 강도와 무리한 당직 업무에 지쳐서 교수직을 유지하고자 하는 의욕마저 상실되면서 지방의대를 시작으로 교수직 탈출이 유행처럼 번졌고, 이제는 수도권도 예외가 아니다.

지도전문의들을 더욱 괴롭히고 있는 것은 육체적 피로감보다도 후학을 길러내지 못하고 우리나라 의료가 무너지고 있다는 현장에 본인이 주인공으로 있다는 자괴감이다. 필수의료와 지역의료를 살리자는 의도는 정반대의 결과는 낳았고, 의사를 길러내는 물길을 바싹 말려버리는 역설적인 결과로 이어졌다.

상급종합병원보다 전공의 의존도가 낮은 종합병원, 2차병원 개원가는 예상치 못한 환자 급증으로 인해 경영 상황이 상대적으로 나아졌다. 이로 인해 의협의 다수를 점하는 이들은 문제 해결에 적극적이지 않게 되었고, 의사 간 갈등도 나타나기 시작했다.

전공의 문제보다 더 심각한 것은 의대생 교육 문제이며, 곧 세 가 학년이 한꺼번에 교육을 받아야 하는 사상 초유의 상황이 벌어질 것이다. 전공의 수련을 담당하는 전문학회와 이를 회원으로 두고 있는 의학회, 그리고 의대 교육의 보루인 한국의학교육평가원은 다급해져 의학한림원에도 성명서 등의 지지를 요청했으나, 단일대오를 위해 이미 의협과 한목소리를 내기로 약속한 의학한림원은 운신의 폭이 제한되어 있었다.

필수의료 패키지에 대한 반발이 거세지자 급히 구성된 의료개혁특별위원회(이하 의개특위)는 쌓인 문제들을 한꺼번에 해결하겠다며 막대한 예산을 지원하겠다고 밝혔다. 그러나 그간 상급종합병원과 종합병원의 파산 방지를 위해 소요된 돈을 생각하면, 진작 개혁했어야 하지 않았을까? 울화통이 터질 일이다. 터무니없는 규모의 의대 증원안을 내놓기에 앞서, 필수의료와 지역의료에 대한 대책을 마련했어야 했다. 지금까지 투입된 예산만으로도 왜곡된 수가 구조와 의료전달체계를 대대적으로 개혁할 수 있었을 것이다.

도입 초기에는 보험사들의 배를 불린 실손보험 제도를 부랴부랴 개혁하겠다고 나서는 것은 만사지탄이지만, '왜 이제 와서일까?' '진정으로 국민의 의료비 상승이 우려돼서인가?' '일부 의사의 파행적 진료 행태에 대한 정의감 때문인가?' '보험회사의 경영상 어려움을 해결하기 위함인가?'란 의문도 든다. 방향에는 동의하나 여러 의심의 눈초리를 피하기 어렵다.

의사들은 국가가 의료의 백년대계에는 관심이 없다고 한탄한다. 그러나 우리나라 산업화와 민주화의 60년 역사 속에서, 과연 어느 분야에서 백년대계를 고민한 정부나 정치인이 있었던가? 교육조차 백년대계를 세우지 못하는 나라에서, 의료의 백년대계를 기대하는 것은 어불성설일지도 모른다.

백년대계는 제국주의 경험이 있었거나, 세계를 선도할 수 있는 나라에서나 가능한 이야기다. 이러한 선도 국가들의 공통점은 지식인들의 영향력이 크고, 전문가의 의견을 경청한다는 점이다. 과거 잘못된 의료 정책과 무너져가는 의료전달체계에 대해 의학자들이 먼저 나섰어야 했다. 그러나 우리는 점점 뜨거워지는 냄비 속에서도 무감각한 개구리처럼 위기를 인식하지 못하거나, 알면서도 애써 외면한 채 현실에 적응하는 데만 익숙해져 있었다.

정해진 재정을 각 분야가 의논하여 나누어 가지라는 수가 정책에 순응하며 제로섬 게임을 하던 과거를 부끄러워해야 한다. 자신이 속한 직역에 충실하며 의료체계가 무너지는 것을 남의 일 보듯이 하던 이기적이고 피지배적인 생각을 버려야 한다.

의대생과 전공의를 왜, 어떻게, 무엇을 위해 교육해야 하는지 자문해야 하며, 의학이라는 인류사에서 가장 중요한 학문을 과학으로 인정하기를 꺼리는 과학계를 설득할 수 있어야 한다. 그리고 우리나라 의료산업 발전에 투신하고자 하는 의사들이 상대적으로 적다는 현실도 고민해야 한다.

많은 의사들은 제대로 된 의료체계를 만드는 것은 정부의 일이며, 이를 돕는 일은 의료 정책이나 과학 정책을 전공한 보건학, 예방의학, 또는 정부에 관여하는 일부 과학 분야 학자들의 몫이라고 생각한다. 하지만 임상, 교육, 산업 현장에서의 부족한 경험과 현실감을 의료계가 채워주어야 한다. 다양한 분야의 의학자들이 의료 정책과 과학 정책을 구상하는 학자, 정부, 국회에 끊임없이 '근거에 기반한 문제 해결방안'을 제시해야 한다.

그것만이 다시는 일어설 수 없을 정도로 파괴된 대한민국 의료를 재건할 수 있는 첩경이다. 그 일을 현업에 분주한 후배들에게 맡길 것인가? 오늘날 우리나라 의사 단체들의 구도에서는 가치 중립을 표방하는 석학단체인 의학한림원이 해야만 하는 일이다. 적어도 지금은 그렇다.

한 상 원

- 연세의대 명예교수 비뇨의학
- 대한민국의학한림원 제9대 원장
- 연세의료원 기획조정실장 2016.09. ~ 2020.08.
- 세브란스어린이병원 원장 2014.03. ~ 2016.08.
- 아시아태평양 소아비뇨기과학회 회장 2012.11. ~ 2014.11.

제3부

깊은 내상과 성찰
: 전문직 윤리, 그리고 무너진 신뢰

의대 정원 논의와
지식인의 책무[*]

· 양은배 ·

　의과대학 입학 정원은 정부와 의료계뿐만 아니라 사회와 국민의 관심이 높은 사안이다. 적정 의사 수와 의과대학 입학 정원 규모에 대한 논의부터 필수의료와 지역의료에 미치는 영향, 의과대학의 교육 역량과 의학교육의 질적 수준, 우수 학생의 이공계 대학 진학 기피, 사교육 시장에 대한 우려까지 관심 영역도 다양하다. 의과대학 입학 정원 증원의 찬반과 관련한 주장과 논거는 충분하며, 의견을 하나 더 보탠다고 해도 새로운 제안은 아닐 것이다. 더 중요한 점은 의과대학 입학 정원 정책을 논의하는 지식인의 책무다.

---

* 　이 글은 대한민국의학한림원 2023년 제42호 뉴스레터에서 발표한 것이다.

세계적인 언어학자 놈 촘스키(Avram Noam Chomsky)는 그의 저서 『지식인의 책무(writers and intellectual responsibility)』에서 지식인은 진실을 말할 책무가 있다고 말한다. 중요한 문제에 대해 진실을 찾아내 국민에게 알리는 것이 지식인에게 주어진 도덕적 과제라는 것이다.

그렇다면 의과대학 입학 정원 논의와 관련한 지식인의 책무는 무엇일까? 일부에서는 고령화 추세, OECD 평균, 의사 인력 추계 결과 등을 인용하며 공급 부족을 주장한다. 또 다른 이들은 인구 감소와 의사 인력 증가율을 고려해야 하며, 필수의료와 지역의료의 문제는 분포의 문제라고 말한다.

이처럼 의사 인력 증원에 관한 논의는 무엇이 맞고, 무엇이 틀렸는지 판단하기 혼란스럽다. 그러나 진실은 어떤 것이 맞고 틀리고의 문제가 아니다. 진실이란, 왜곡을 바로잡고 착오를 배제하며 가려진 것이 드러났을 때 밝혀지는 것이다.

우리나라 의료 환경과 의료 제도에서 OECD 지표는 평균의 왜곡을 초래할 수 있으며, 현재의 가정에 근거한 의사 인력 추계는 미래의 의료 환경과 정책 변화를 반영하지 못하는 인과관계의 착오가 있을 수 있다. 또한 근거 자료의 부족, 불충분한 정보 공유, 의사소통의 실패는 일종의 '드러나지 않은 것'이 될 수 있다.

결국, 의과대학 입학 정원 증원 논의에서 무엇이 왜곡되었고, 어떤 착오가 있으며, 어떤 것이 부족한지를 말하는 것이 지식인의 책무다.

미래 특정 시점에 의사 인력이 부족하여 의료 접근성과 서비스의 질이 낮아질 가능성도, 반대로 의사 인력 확대가 GDP 대비 의료비 증가로 이어져 국민 부담이 커질 가능성도 배제할 수 없다. 이러한 불확실성은 잠재적 불안을 불러온다. 지식인은 이러한 사회적 불안에 대답해야 한다.

정부는 11월 21일, 2025년에는 2,151명, 2030년에는 3,953명까지 증원을 희망한다는 의과대학 입학 정원 수요조사 결과를 발표하였다. 현 입학 정원 대비 각각 70%, 130% 달하는 증원 규모다. 이는 의과대학이 나름의 이유와 근거를 바탕으로 산출한 수요일 것이다. 이것이 하나의 지표일 뿐이라고 할지라도 의과대학 입학 정원 수요는 개별 의과대학의 지성을 넘어 의학교육 기관의 집단 지성으로 더 올바른 결론을 도출할 수 있었던 일이었다.

미래의 불확실성과 잘못된 정책은 사회·경제적 영향력이 큰 값비싼 실패(costly failure)로 귀결될 가능성이 있다. 그렇기에 의과대학 입학 정원 정책에 참여하는 지식인의 책무는 무엇보다 중요하다. 책무가 있다는 것은 의사결정의 효과가 나타나는 미래의 어떤 시점에 책임이 있다는 의미가 아니다. 책무란, 의사결정을 위해 정확한 정보를 수집하고 과학적 근거에 기반하여 신중하고 논리적으로 판단하며, 그러한 결정을 다양한 이해관계자 및 사회와 공유하는 것이다. 나아가 문제 해결에 대한 신념과 사명감을 가지고 그 결과가 성공적으로 이어지도록 지속적으로 노력하는 것까지 포함된다. 의과대학 입학 정원 정책에 관여하는 지식인은 이런 책무 의식을 가져야 한다.

2023년 11월에 열린 미국의과대학협회 연례 세미나에서는 "우리는 고장 난 GPS로 건강을 향한 고속도로에 있다(we're on a highway to health with a broken GPS)'를 주제로 흥미로운 토론이 진행되었다. 핵심은 다양한 이해관계자 간의 신뢰 부족이 많은 일을 올바로 수행하기 어렵게 만든다는 것이었다.

의과대학 입학 정원 증원 논의는 마치 고장 난 GPS로 미래 의료를 향한 고속도로를 달리는 형국이다. 의사 인력 양성 정책이 지금 어디쯤 와 있는지, 목적지는 어디인지, 어느 속도로 가야 하는지 혼란스럽다. 이쯤 되면 이것도 맞는 것 같고, 저것도 그럴듯하다. 의과대학 입학 정원 논의가 이해관계자 간의 신뢰를 바탕으로 이루어지고 있는지도 의문스럽다.

이런 점에서 미국 의료정책연합회 회장 사라 데쉬(Sarah Dash)가 "문제를 전체적으로 논의하기 위해 당사자를 소집하는 것이 출발점"이라고 말한 것은 중요한 의미를 지닌다.

의과대학 입학 정원 정책의 출발점은 거버넌스 구축이 되어야 한다. 의과대학 입학 정원 논의를 위한 거버넌스는 여러 기관과 연구자가 제안한 사항으로, 정부를 포함한 이해관계자 대부분이 합의하는 지점이다. 입학 정원 책정은 몇 가지 지표나 사회적 정서에 기초하기보다는 과학적 근거에 기반해야 한다는 주장에 대해서는 이견이 없을 것이다. 현존하는 모든 자료를 체계적으로 검토해서 합성하는 체계적 고찰, 정책의 경제적 영향을 평가하는 경제성 분석, 어떤 정책이 더 효과가 있는지를 판단하는 비교 효과 연구 등이 과학적 근거를 생산하는 대표적인 방법이다.

그러나 우리나라에는 미국의 보건의료인력분석연구센터(NCHWA), 네델란드의 보건의료서비스연구소(NIVEL) 등과 같이 근거를 지속적으로 생산하는 안정적인 전담 조직이 없다. 또한 일본의 의사수급에관한검토위원회(医師需給に関する検討委員会), 미국의 보건의료인력위원회(NHCWC), 네델란드의 의료인력계획자문위원회(ACMMP), 호주의 국가의료수련자문네트워크(NMTAN) 등과 같은 이해관계자의 의견을 수렴하고 결정하는 거버넌스도 없다. 거버넌스는 절차적 명분을 위한 과정이 아니라 다양한 이해관계자 의견을 수렴하고, 과학적 근거에 기반하여 합리적 의사결정을 할 수 있어야 하며, 그러한 역할과 권한이 부여되어야 한다.

여러 연구에 따르면, 현 입학 정원을 유지하거나 일부 증원하는 경우 2040~2050년에는 의사 인력이 과잉 공급될 것으로 예상한다. 따라서 입학 정원 증원 논의와 함께 정원 축소에 대한 논의도 함께 다루어져야 한다. 의과대학 입학 정원 관련 근거를 생산하고 정책을 결정하는 거버넌스 구축이 시급하다.

심리학자 칼 구스타프 융(Carl Gustav Jung)은 "사람은 자신과 타인의 '다름'으로 인해 고통받는다"고 말하면서 자기중심적 사고를 경계하였다. 의과대학 입학 정원 정책에 관한 서로 다른 우리의 인식으로 누가 고통받는지, 그리고 이러한 상황에서 지식인의 책무가 무엇인지 진지하게 생각해 볼 시점이다.

양은배

- 연세의대 의학교육학
- 한국의과대학·의학전문대학원협회 정책연구원장
  2024.08. ~ **현재**
- 교육부 기타공공기관 경영평가단 팀장 2024.03. ~ 2025.02.
- 한국의학교육평가원 수석부원장 2022.03. ~ 2025.02.

의학교육은
무거운 것이다[*]

• 전우택 •

현 의정 사태에 대해 이야기해야 할 말들은 무수히 많지만, 주로 의학교육 영역에서 활동해 온 나로서는, 이번 의정 사태 속에서 생각했던 의학교육 관련 사항 세 가지를 말하고자 한다.

첫째, 정부는 의학교육의 무거움을 명확히 알아야 한다

정부가 처음부터 계획적으로 의도하지는 않았겠지만 상황이 전개되면서 의도치 않게 만들어 낸 가장 분명한 결과 중 하나는 '의학교육의 질 하락을 유도하고 있다'는 점이다.

---

[*] 이 글은 대한민국의학한림원 2024년 제45호 뉴스레터에서 발표한 것이다.

그동안 각 의과대학들이 엄격하게 지켜오던 의학교육의 기간, 내용, 평가 기준 등을 정부는 편의에 따라 변경하도록 했고, 의과대학 인증 평가 기준을 낮추려 하였으며, 외국인 의사의 일시 취업 허용 등 더 많은 의사를 보다 쉽게 확보하는 방향으로 모든 아이디어와 행정력을 투입하는 모습을 보였다. 이는 결국, 현 정부가 의학교육을 얼마나 '가볍게' 여기고 있으며, 의학교육의 본질을 '모르고' 있는지를 보여주는 것이다. 그리고 그것을 통해 의료계와 의과대학 교수들에게 "의학교육은 본래 당신들이 주장하는 것처럼 그리 대단한 것이 아니니, 그것의 질에 너무 신경 쓰지 말라"는 강력한 메시지를 줌으로써, 의료계와 의과대학의 의학교육을 향한 의지를 꺾는 것이었다.

그러나 의학교육은 매우 무거운 것이다. 이런 일들을 벌이고 있는 사람들을 포함한 모든 국민의 생명과 건강을 지키는 일은 최고의 전문성과 훈련, 그리고 직업적 책임감을 필요로 한다. 그래서 인간이 가진 모든 직종 중 교육과 훈련 기간이 가장 긴 직업이 바로 의사인 것이다. 이는 의사 스스로 그렇게 만든 것이 아니라, 오랜 역사 속에서 인류가 생각해 낸 경험의 결과였다. 이 직업을 가질 사람들을 엄격하게 키워내야 자기 자신의 생명과 건강을 지킬 수 있다는 사실을 모두가 알았기 때문이다.

그래서 의료계와 의과대학도 그 사명의 막중함을 인식하고, 어려운 여건 속에서도 의학교육의 질을 높이기 위해 노력해 왔다. 의과대학 안에 의학교육을 전문으로 하는 의학교육학교실과 행정부서를 두고, 의학교육 연구와 전문 인력 양성에 힘써 왔으며, 한국의학교육학회, 한국의과대학·의학전문대학원협회 등을 만들어 의학교육의 학문적, 실제적 발전을 추진했다. 또한 한국보건의료인국가시험원(이하 국시원)을 통해 더 나은 의사국가시험 제도와 문항을 만들기 위해 수많은 교수들이 밤잠을 설치며 애써 왔고, 한국의학교육평가원을 설립하여 한국 의학교육이 세계적 수준의 질을 갖출 수 있도록 스스로 엄격한 기준을 세우고 노력해 왔다.

그런데 이번 의정 사태는 이 모든 것을 다 무시하고, 그것을 희화화하면서 마치 정부가 의학교육의 최고 전문가인 양 자신들이 자의적으로 모든 것을 조정할 수 있다고 여기는 듯한 모습을 보이고 있다. 게다가 그렇게 해도 '정상적인 의사' 배출에는 아무 문제가 없다고 주장하는 모습을 보인 것이다. 그러나 그것은 명백히 틀렸다. 의학교육은 정부가 생각하는 것처럼 그렇게 가벼운 것이 아니다. 의학교육은 인간의 생명만큼 무거운 것이다.

둘째, 의료계는 의학교육의 무거움을 명확히 알아야 한다

정부가 의학교육을 아무리 가볍게 여긴다 하더라도, 교통사고로 의식을 잃은 어린아이가 응급실로 실려 왔을 때 그 생명을 살려내는 건 정부가 아니다. 의료인이다. 그것은 정부가 일을 잘하느냐 못하느냐의 문제가 아니라, 차원이 전혀 다른 일이다. 그런 의미에서 의학은 전통적으로 차세대 교육을 매우 중시해 왔다. 의사를 뜻하는 영어 단어 'doctor' 역시, '가르치다', '지시하다'는 의미의 라틴어

'docere'에서 유래한 것이다. 그래서 한자어에서도 '의사(醫師)'는 스승 '사(師)' 자를 쓴다.

한 명의 의사가 제대로 된 활동을 하려면, 자신보다 먼저 이 길을 걸어간 선배들의 수많은 경험과 시행착오를 배워야 한다. 그래야 자신의 시행착오를 줄이면서, 복잡한 환자들의 상황을 빠르게 파악하고 즉각적인 조치를 취할 수 있기 때문이다. 그런 의미에서 의사는 평생 끊임없이 배우는 존재여야 하고, 동시에 가르치는 사람이어야 한다.

이번 의정 사태를 통해 우리는 의학교육이라는 것이 얼마나 '연약한 존재'가 될 수 있는지를 분명하게 보았다. 정부가 마음대로 짓밟을 수도 있고, 사회 여론집단이 함부로 흔들 수도 있다는 것을 확인했다. 그러나 우리는 그들을 탓하는 데 그칠 것이 아니라, 우리 스스로가 그동안 의학교육을 얼마나 소중한 존재로 인식하고 인정하며, 그것을 지키려 노력해 왔는지를 돌아보아야 한다.

아무리 심한 폭풍우나 냉해가 오더라도 온실 속의 새싹들이 잘 성장하도록 하려면, 그 온실 자체가 단단해야 한다. 결국, 외부 조건도 중요한 요소이지만 의료계 스스로 의학교육의 중요성을 인식하고, 이를 지키기 위한 노력이 더 중요하다는 점을 자각해야 한다.

그런 의미에서 이번 의정 사태는 우리 스스로에게 의학교육의 무거움을 본질적으로 다시 생각하게 만드는 기회가 되어야 한다. 의료계와 의과대학은 더 나은 의학교육이 이루어질 수 있도록, 이를 위한 투자와 인력 양성에 더 과감한 발상의 전환을 시도해야 한다. 바쁜 환자 진료와 연구 활동에 휩싸여 실습 나온 학생들을 그저 귀찮은 존재로 여겨왔던 과거의 우리의 마음과 생각을 다시 점검하고, 이 학생들을 제대로 교육할 수 있는 방법과 제도가 무엇인지 집중적으로 고민해야 할 때가 바로 지금이다. 이 문제 많은 의정 사태가 그나마 '긍정적인 기여'를 할 수 있도록, 우리는 그렇게 노력해야 할 것이다.

셋째, 의료계와 정부는 대화의 무거움을 명확히 알아야 한다

현대사회는 그 어느 시대보다도 더 세분화된 전문가들이 각자의 영역에서 역할을 하며 힘을 발휘하고 있다. 이는 사회적 수요에 따라 나타난 현상으로, 사회 발전에 분명히 기여하는 측면이 있다. 그러나 그러한 흐름 속에서, 전문가들보다 훨씬 더 많은 수의 '비(非)전문가들'은 자신의 삶이 전문가들에 의해 지나치게 좌우되고 있는 것은 아닌지 의문을 품게 되었다. 전문가들의 의견이나 그들이 제시하는 정책이 과연 전체 국민, 즉 비전문가들을 위한 것인지, 아니면 전문가 집단의 이익을 위한 것인지에 대해 의심하게 되었다.

그리고 그런 의식들이 사회 각 영역에서 축적되면서 일종의 반(反)전문가주의가 사회의 한 축으로 강하게 자리 잡게 되었다. 그리고 이러한 반전문가주의는 정치인들이나 공무원들에게도 상당한 영향을 미치고 있다고 볼 수 있다.

과거에는 정치인들과 공무원들이 전문가의 의견을 중시하고, 그에 따라 만들어지는 정책을 잘 운영하고 관리하는 것이 자신의 역할이라고 여겼던 시절도 있었다. 그러나 이제 전문가의 의견은 하나의 부수적 고려 사항일 뿐, '국가와 사회를 더 거시적으로 조망하는 전문가'인 정치인과 공무원 본인들이 특정 영역의 정책을 최종적으로 결정하고 주도할 수 있다고 여기는 시각이 생긴 것이다.

물론, 특정 전문가 집단의 내부적 시각이나 의견이 반드시 최선이며 정답이라는 보장은 없다. 특히 의료제도처럼 막대한 재정과 인력이 투입되는 국가의 핵심 정책의 경우, 의료계 내부의 시각과 입장만으로는 최선의 해법을 도출하기 어렵다는 점을 우리는 겸허히 인정할 필요가 있다. 국가 의료 정책은 '최고 전문가인 우리끼리 만들면 된다'는 인식이 아니라 다양한 전문 영역의 지식과 지혜를 모으는 노력에 동참하면서, 국민의 생명과 건강을 위한 최종 결과를 함께 만들어가려는 열린 마음과 유연한 태도가 필요하다.

이런 협동의 노력 속에서 의료인들이 충분한 기여와 리더십을 발휘하려면, 보다 객관적이고 과학적인 자료에 기반한 의견을 제시할 수 있어야 하고, 더 설득력 있고 신뢰를 줄 수 있는 보편적 가치를 담은 언어를 잘 구사할 수 있어야 한다. 그래야만 사회 발전에 필수적인—어쩌면 새의 양쪽 날개와도 같은—전문가주의와 반전문가주의 간의 조화가 가능해지고, 국민의 생명과 건강이 지켜질 것이다.

의료계와 정부는 이런 대화와 협의의 모습을 지금 의대생들에게 보여주어야 한다. 그것이 가장 중요한 의학교육의 한 부분이며, 이를 통해 미래의 의료계와 정부는 지금보다 더 나은 협력체계를 구축할 수 있을 것이다. 의학교육은 정부에게도, 의료계에게도 매우 무거운 것이다. 그것이 진실이다.

전 우 택

- 연세의대 의학교육학
- 한국의학교육학회 회장 2020.09. ~ 2022.08.
- 한국자살예방협회 이사장 2016.02. ~ 2019.02.

방사선종양학 교수로서
지난 1년을 돌아보며

· 김용배 ·

2024년 2월, 정부가 발표한 필수의료 패키지와 의대 정원 증원은 대한민국 의료시스템에 전례 없는 충격을 주었습니다. '필수의료'라는 생소하고 행정편의적인 정의, 그리고 합리적인 근거나 회의록도 제시되지 않은 의대 증원 정책은 의료계 전반의 강한 반발을 불러일으켰고, 이는 결국 전공의와 의대생들의 집단 사직과 유급이라는 초유의 사태로 이어졌습니다.

의료 공백 속 방사선종양학과의 대응과 당면 과제

저는 방사선치료를 연구하는 방사선종양학과 교수입니다. 방사선치료는 수술, 항암화학요법과 더불어 암의 3대 치료법 중 하나로, 일반 대중은 물론 의사들에게도 다소 낯설게 느껴질 수 있지만, 암 치료에 있어 중요한 역할을 담당하고 있습니다. 이번 사태에서 방사선치료 분야는 다른 분야에 비해 상대적으로 영향을 덜 받았는데, 다음과 같은 두 가지 주요 이유가 있습니다.

첫째, 방사선치료는 기본적으로 외래 진료 중심으로 이루어지며, 자체 병동을 운영하지 않습니다. 물론 입원 환자가 의뢰되어 치료받는 경우도 있지만, 입원이 필수는 아닙니다. 가장 중요한 과제는 방사선치료가 지연되지 않도록 하는 것이었습니다. 암 환자의 경우 치료가 지연되면 병이 진행되어 돌이킬 수 없는 상태가 될 수 있기 때문에, 환자들이 피해를 보지 않도록 하는 것이 모든 병원 방사선종양학과 전문의들의 공통된 목표였을 것입니다.

둘째, 이전부터 대부분의 병원에 전공의가 부족했기 때문에 교수 및 전문의들이 직접 모든 치료 과정을 운영하고 있었습니다. 방사선치료는 치료를 준비하는 과정이 매우 복잡합니다. 설계 CT 영상을 얻는 것부터 치료 대상이 되는 종양과 보호해야 할 정상 장기를 정밀하게 구별하고, 방사선량이 목표에 따라 정확하게 들어가도록 계획하며, 치료실에서 방사선을 조사하는 전 과정에 의사의 세심한 정성과 손길이 필요합니다. 전공의는 이 모든 과정에 관여하여 치료가 문제없이 완료되도록 하는 데 큰 역할을 해왔습니다. 매년 25명의 신입 전공의 선발이 허가되어 있지만, 지난 수십 년간 정원을 모두 채운 적은 손에 꼽을 정도로 적습니다. 제가 전문의를 취득할 당시에는 전국에 전공의가 단 3명뿐이었고, 최근에도 10명 내외 수준입니다.

제가 근무하는 병원은 환자 수가 상당히 많아 정원을 다 채워도 인력이 부족했기 때문에 수년 전부터 의사 업무를 보조하는 Physician Assistant 간호사를 선발해 운영하고 있었습니다. 초기에는 간호사들이 방사선종양학에 대한 기본적인 정보와 지식이 부족해 적응에 어려움이 있었지만, 최근에는 선임들이 후임들을 잘 이끌어주어 체계가 잡힌 상태였습니다.

그러나 교수 입장에서 직접 챙기지 않던 일을 실수 없이 수행한다는 것이 결코 만만치 않았습니다. 특히 전공의가 1차로 작업한 일을 교수가 더블 체크하며 더욱 면밀히 살펴보면서 치료했지만, 전공의가 없는 상황에서 교수가 이전만큼의 업무량을 처리하기에는 물리적 한계가 존재했습니다. 그럼에도 불구하고 1년이 지난 지금까지도 교수들 각자가 양질의 치료를 제공하기 위해 최선을 다하고 있습니다.

학술 활동 위축과 수련 환경의 변화

학술대회에서 구연/포스터 발표의 상당수를 차지하던 전공의들이 사직한 이후 연제가 대폭 줄었습니다. 전공의 수가 전국적으로 많지 않아 타 학회에 비해 전공의들에게 주로 구연의 기회를 주는 세션 구성을 해왔기 때문에, 그 공백은 더욱 두드러졌습니다. 결국 전문가를 초청하여 강의를 듣는 세션으로 대체되었습니다. 대부분의 학회들이 전문의 시험 응시 자격요건으로 논문 또는 학회 발표를 필수로 규정하고 있으며, 이는 연구에 대한 기초를 배우는 기회로서 상당한 의미가 있었습니다. 그러나 현재의 상황은 매우 우려스럽습니다.

현재의 저수가체계는 이른바 '빅5' 병원들마저 적자를 보거나 적자에 임박한 구조를 만들었습니다. 극단적인 박리다매 방식으로도 버티기 어려운 구조가 된 것입니다. 현재 상급종합병원조차 정부의 보조금 없이는 운영이 어려워져 공공병원화가 되어가는 실정입니다. 이런 상황에서 전공의 지도를 전담하는 교수를 지정하고 진료 활동을 절반으로 줄이는 시범사업이 곧 시행될 예정이라고 합니다. 전공의 근무 시간이 줄어들면 당연히 임금도 감소할 것으로 예상되지만, 현재의 경영 상태로는 정부의 지원 없이 각 병원이 전공의 정원을 모두 채우고 고용하기 어려운 상황이 되었습니다. 또한 양질의 수련을 위해 필요한 교육과정 개발에도 비용이 필요합니다.

의료의 미래를 위한 제언: 수련체계 재건과 인식 개선

척박한 환경 속에서도 교수와 전공의는 각자의 위치에서 최선을 다해 우리나라의 의료와 의학을 세계 최고 수준으로 발전시켰습니다. 그러나 이번 사태로 교수들과 전공의 간 입장 차가 명확해졌습니다. 전공의들은 교수들이 집단 사직을 했다면 이번 사태를 신속히 종결시킬 수 있었을 것이라고 주장하며 교수들을 '착취자'라고 원색적으로 비난하기도 했습니다. 교수들은 전공의 부재 상황에서도 환자 진료의 연속성을 유지하기 위해 최선을 다했고, 전공의들이 조속히 복귀하여 수련을 마무리하길 기대했습니다. 그러나 1년이 지난 지금, 많은 교수들이 번아웃을 호소하며 지쳐가고 있고, 이미 상당수의 교수들이 대학을 떠났습니다.

수련 시간 단축과 관련해 여야가 서로 다른 법안을 제출했다고 합니다. 하지만 실제로 수련을 담당하고 평가하는 교수들에게 의견을 구했는지 의문입니다. 대한의학회 수련 이사는 수련 시간 단축 시 수련 기간을 늘리는 방안도 함께 고려해야 한다고 언급했습니다. 전공의 지원을 장려하기 위해 수련 기간을 단축했던 임상과들도 현재 단축된 기간이 충분하지 않다고 생각하고 있던 와중에, 만약 법안이 통과되면 수련 기간을 늘릴 가능성이 높습니다.

수련의 질을 향상시키기 위한 개정 작업이 각 학회별로 이루어지고 현장에 적용되겠지만, 전공의들도 기존의 수동적인 태도에서 벗어나 수련 과정에 대해 보다 적극적으로 의사소통하며 문제점에 대해 병원과 논의해야 합니다.

이러한 패러다임의 변화가 제대로 자리 잡기 위해서는 시간이 필요할 것입니다. 기존의 도제식 수련 방식에 익숙한 전공의들도 사전 학습과 준비를 통해 수련에 임해야 합니다. 교수들 역시 전공의 지도교수가 지정되더라도 한 명이 모든 수련을 수행할 수 없기 때문에 전공의들의 의견을 적극적으로 수용하고 교육의 기회를 제공해야 합니다.

또한 환자들의 인식 개선이 필요합니다. 언젠가부터 진료와 각종 술기에 전공의들의 참여를 불편해하는 환자들이 늘어났습니다. 수련병원에서는 교육의 목적으로 전공의들에게 기회가 주어져야 한다는 것을 환자들에게 인식시키는 것이 중요합니다.

전공의 수련에서 학술 활동에 대한 부분을 충분히 고려해야 합니다. 전공의들은 임상 분야의 잠재적인 교수 요원이므로, 임상 학문에 입문하여 연구 방법의 기초를 닦고 지도받으며 일정 수준까지 연구를 수행하도록 해야 합니다. 모든 수련을 교수만이 지도하는 것은 아닙니다. 실제로는 고년차 전공의가 저년차 전공의를 지도하고 적응하도록 도와주는 것이 전통적으로 시행되어 왔고, 이는 매우 효과적이었습니다. 현재 이러한 체계가 무너졌기 때문에 소수의 전공의들이 새로운 체계를 세우고 적응할 수 있도록 교수와 병원의 도움이 절실합니다.

수련을 받았을 때, 스승님께서 자주 말씀하시던 "자연은 조상에게 물려받은 것이 아니라 후손들에게 빌려 쓰는 것"이라는 인디언들의 격언이 있습니다.

이는 대학과 병원의 학문적 전통을 발전 계승해야 한다는 취지로 하시던 말씀이었으나, 지금 이 시점에서 다시금 되새기게 됩니다. 여기서 좌절하거나 멈추지 말고, 무너진 수련체계를 다시 세워 다음 세대에게 더 나은 교육과 수련 환경을 제공할 사명이 우리에게 있다는 것을 잊어서는 안 됩니다.

이 글이 현재 한국 의료가 직면한 복잡한 상황을 이해하고, 앞으로 나아가야 할 방향에 대해 함께 고민하는 데 의미 있는 단초가 되기를 바랍니다.

김 용 배

- 연세의대 방사선종양학
- 대한민국의학한림원 7분회
- 한국유방암학회 부회장 2025 ~ 현재
- 연세암병원 부원장 2022.09. ~ 현재
- 연세의대 방사선종양학교실 주임교수 및
  연세암병원 방사선종양학과장 2017.03. ~ 2021.02.

의학 연구가 꺼지면,
의료의 미래도 꺼진다

• 임태환 •

의료계가 흔들리고 있다. 진료 현장은 의정 갈등과 정책 혼란 속에서 극심한 혼돈을 겪고 있으며, 의료인들은 피로와 회의감 속에서 버티고 있다. 그러나 이보다 더 조용하지만 결정적인 위협이 있다. 바로 의학 연구의 침체다. 연구는 진료나 교육과 달리 그 성과가 즉각 눈에 보이지 않지만 지금과 같은 침체가 계속될 경우 깊은 내상을 입어 언제 회복될지, 아니 회복이 가능하기는 할지 기약하기 어렵다.

최근 몇 년간 병원 내 연구 과제는 줄고, 연구비도 감소하고 있으며, 젊은 연구자들은 하나둘씩 연구 현장을 떠나고 있다. 이러한 현상은 단순한 수적 감소로 보일 수 있지만, 이는 의료라는 거대한 구조물의 기초를 서서히 허무는 심각한 변화다.

서울아산병원 빅데이터 연구센터의 분석에 따르면, 2025년 1분기 국내 주요 의과대학(서울대, 연세대, 고려대, 가톨릭대, 성균관대, 울산대 등)의 논문 출간 수는 2024년 1분기 대비 8~10% 감소했다. 또한 자체적으로 편성한 병원 내 연구 과제 수는 증가했지만, 국책 과제는 오히려 5.4% 감소하며 역성장을 기록했다(자료: 양동현 센터장).

대한민국을 대표하는 학술지인 〈JKMS〉의 경우, 국내 연구자의 연구 논문 투고 수는 2023년 543편에서 2025년 상반기 448편으로 줄어든 반면, 외국인 투고는 259편에서 1,198편으로 4배 이상 증가했다(자료: 홍성태 전 편집장). 영상의학 분야 국제 학술지인 〈KJR〉 또한 같은 흐름을 보인다. 국내·국외 연구 논문 투고 수는 2023년에 219/1,023편, 2024년은 166/1,105편, 2025년 상반기는 89/670편으로, 국내 연구자들의 연구 논문 투고 편수의 감소가 두드러진다(자료: 박성호 편집장).

〈JKMS〉나 〈KJR〉 모두 외국 학자들에 의한 연구 논문 투고 편수가 증가하고 있는 것은 두 학회지의 국제적 인지도가 높아지고 있다는 점을 반영하고 있는 것이지만, 국내 학자에 의한 연구 논문 투고 편수가 감소하고 있는 것은 오랜 기간 이어진 의정 사태가 초래한 물리적, 정신적 후유증의 결과임이 자명하다고 할 것이다.

또한 전공의의 연구 성과를 주로 담는 〈대한영상의학회지〉는 2023년 41편, 2024년 27편, 2025년 상반기에는 고작 9편(연간 예상 18편)이 투고되었는데(자료: 김성헌 편집장), 이는 단지 연구의 위축이 아니라 전공의 부재가 진료 외에도 연구의 붕괴로까지 이어지고 있음을 시사한다. 연구 경험 없이 배출된 전문의는 결국 차세대 연구자로 성장하지 못하며, 그 결과는 장기적으로 대한민국 의료의 경쟁력 상실로 되돌아올 것이다. 이러한 수치들은 단순히 '논문 수'만의 문제가 아니다.

"진료는 현실을 다루고, 교육은 미래를 준비하며, 연구는 그 미래를 만든다."

이 세 축은 의료의 균형을 지탱하는 삼각 기둥이다. 하나라도 무너지면 전체가 흔들린다. 그중에서도 '연구'는 뿌리와 같다. 뿌리가 약해지면 나무는 서서히 말라간다. 의학 연구의 침체는 곧 의료의 황폐화를 의미한다.

역사는 우리에게 명확히 말해준다. 위기의 순간, 앞서간 나라들은 과학과 연구에 투자했다. 제2차 세계대전 당시 연합군은 독일 유보트(U-boat)의 공격으로 대서양 보급로를 잃을 위기에 처했다. 그러나 레이더, 소나(Sonar), 고주파 방향탐지기(HF/DF) 등 과학기술 개발에 집중하며 전황을 뒤집었다.

또한 최근 영화로도 조명된 '맨해튼 프로젝트'는 물리학자들이 집결해 원자폭탄을 개발한 사례로, 전쟁을 종식시켰을 뿐 아니라 미국을 초강대국으로 도약하게 했다. 이 모든 역사적 전환점들은 단기 성과에 얽매이지 않고, 과학과 인재에 꾸준히 투자한 결과에 의해 만들어진 것이었다.

그렇다면 지금 우리는 어떠한가? 이대로 연구의 끈을 놓는다면,

세계적 수준이라 자부하던 대한민국 의료는 머지않아 국제무대에서 설 자리를 잃게 될 것이다.

지금이 바로 국가적 위기 상황이다. 정부는 단기적 혼란에 휘둘리지 말고, 의학 연구 생태계를 지키기 위한 중장기 전략과 재정 투자를 조속히 시작해야 한다. 연구자들이 안정적으로 연구에 몰두할 수 있는 환경과 사회적 분위기를 조성하는 것이 무엇보다 시급하다.

국민들께서도 눈앞의 진료 위기뿐만 아니라, 지금 조용히 무너지고 있는 연구 생태계에 주목해 주시길 바란다. 전공의가 부재한 상황에서도 진료 현장을 지키며 땀 흘리는 의료진들이 연구의 끈을 놓지 않도록, 사회적 격려와 지원이 절실하다. 이들의 자존감을 지켜주는 일이야말로 우리 의료의 미래를 지키는 일이다.

의료는 단지 질병을 치료하는 기술이 아니다. 그것은 국민의 생명을 지키겠다는 국가의 약속이다. 이 약속이 다음 세대에도 이어지기 위해서, 우리는 결코 의학 연구의 불씨를 꺼뜨려서는 안 된다.

임 태 환

- 울산의대 명예교수
- 대한민국의학한림원 제7대 원장
- 휴먼영상의학센터 명예원장 2018 ~ 현재
- 한국보건의료연구원 원장 2013 ~ 2016

의정 사태의 본질과
향후 대책

· 이영호 ·

최근 우리 사회가 직면한 의정 갈등은 단순한 정책적 충돌을 넘어 의료계 전반의 신뢰와 구조, 철학이 흔들리는 중대한 위기다. 의과대학 교수로서 나는 이번 사태를 단순히 정부와 의료계의 갈등이라는 이분법으로 접근하는 것이 아니라, 대한민국 의료시스템이 안고 있는 복합적 병리의 표출로 이해하고 있다. 이 글을 통해 현재의 의정 사태의 본질을 조망하고, 향후 우리가 지향해야 할 방향에 대해 제언하고자 한다.

의정 사태의 본질: 숫자의 문제가 아닌, 시스템의 문제

정부는 의대 정원을 확대해 지역 및 필수의료 인력 부족 문제를 해결하겠다고 한다. 하지만 그 전제가 과연 현실을 제대로 반영하고 있는지 의문이다. 의료의 수요는 단순히 숫자에 의해 결정되지 않는다. 특정 분야(소아청소년과, 외과, 흉부외과 등)는 이미 오랫동안 기피되고 있으며, 지방 중소병원은 신규 의사들의 선택을 받지 못하고 있다. 이는 단순히 의사가 부족해서가 아니라, 의사들이 해당 분야와 지역을 선택할 수 없는 구조적·경제적·사회적 이유가 존재하기 때문이다.

그럼에도 불구하고 정부는 이 문제를 '의사 수 부족'으로 단순화하고 있다. 정원 확대가 실제 필수의료 인력 확충으로 이어질 것이라는 보장은 어디에도 없다. 지금처럼 열악한 근무 환경과 낮은 보상, 높은 법적 리스크가 개선되지 않는다면 새로 배출되는 의사들조차 결국 같은 길을 피하려 할 것이다.

교육 현장의 혼란: 준비 없는 증원

전국 대다수 의과대학은 이미 포화 상태이며, 전임교수 1인이 감당해야 할 교육·연구·진료 업무는 과중한 수준에 이르렀다. 이런 상황에서 정원만을 늘리면 교육의 질은 필연적으로 낮아질 수밖에 없다. 이는 결국 국민 건강권의 질적 저하로 이어질 것이다. 더욱이 의학교육은 단순한 지식 주입이 아니다. 윤리 의식, 임상적 판단 능력, 환자 중심의 사고, 협업 능력 등을 기르기 위해 정밀하고 개별화된 교육이 필요하다. 그렇기 때문에 정부가 입학 정원 확대를 추진하기 전, 반드시 교육 기반에 대한 투자와 제도적 개편이 선행되어야 했다.

해법은 협의와 신뢰 회복에 있다

정부가 의료계와 충분한 협의 없이 정책을 발표하고 강행하는 방식은 깊은 불신을 초래했다. 설사 정책의 취지가 옳다 하더라도, 그것을 추진하는 방식이 밀실적이고 일방적이라면 의료계는 본능적으로 저항감을 느낄 수밖에 없다. 그 결과 젊은 전공의들은 집단 사직이라는 극단적인 선택을 하게 되었고, 지금 우리는 응급실과 중환자실이 마비된 의료 현실을 마주하고 있다.

정책은 '공감의 언어'로 전달되어야 한다. 정부는 전문가 집단과의 대화를 통해 정책의 정당성을 획득하고, 의료계는 공공성에 기반한 사명감으로 국민과 함께 가야 한다. 어느 한쪽이 일방적으로 정책을 주도하거나 저항하는 방식은 더 이상 지속 가능하지 않다.

향후 대책: 의료시스템의 전면적 재설계

이번 사태를 계기로, 우리는 의료시스템 전반을 다시 설계해야 한다. 그 핵심은 양적 확대가 아닌, 질적 재구성에 있다. 나는 다음과 같은 방향의 개혁이 필요하다고 생각한다.

1) 필수의료 유인 정책 강화

필수의료 분야에 진입하는 의사들에게 충분한 보상과 법적 보호를 제공해야 한다. 의료사고에 대한 형사처벌 완화, 분쟁 조정 제도 강화, 수가 개선 등이 필요하다.

2) 의학교육의 질 개선

교육 인프라를 확충하고, 교수진을 확보하며, 지역의료와 연계된 실습 중심의 교육체계를 구축해야 한다.

3) 지역의료 인프라 확충

단순히 인력을 내려보내는 데 그쳐서는 안 되며, 지역에서 지속 가능한 진료 환경을 만들기 위한 종합적인 지원책이 필요하다. 공공의료기관의 역할을 강화하고, 지역 거점병원의 기능을 확대해야 한다.

4) 지속 가능한 협의체 구성

정부와 의료계, 보건학계 등이 참여하는 상설 협의체를 통해 장기적인 의료 정책을 공론화하는 구조가 필요하다. 의료는 단기 성과가 아닌, 지속 가능한 미래를 설계해야 할 영역이다.

5) 근거 기반 정책 수립

단순한 정치적 목적이나 단기적인 해결책이 아니라, 실제 의료 현장의 데이터를 기반으로 한 장기적인 정책 수립이 이뤄져야 한다. 의료시스템 개선을 위한 구체적인 실행 계획과 단계적인 개혁이 필요하다

결론

이번 의정 사태는 단순한 정책 실패나 일시적인 갈등이 아니다. 이는 대한민국 의료시스템이 안고 있는 구조적 병리의 격발점이다. 우리는 환자 앞에서, 교육 현장에서, 그리고 사회적 책임 앞에서 모두 같은 위치에 있다. 정부와 의료계는 서로를 설득하고 경청하며, 국민의 건강을 중심에 두어야 한다. 진정한 변화는 숫자가 아니라 신뢰에서 비롯된다는 것을, 이번 사태를 통해 모두가 깊이 새겨야 한다.

이영호

- 고려의대 내과학/류마티스
- 대한민국의학한림원 3분회
- 루푸스연구회 회장 2024.11. ~ 2026.10.
- 대한류마티스학회 간행이사 2018.05. ~ 2022.05.

의사 사회는
회복할 수 있을 것인가?

· 최안나 ·

이번 의료 사태를 역사는 어떻게 평가할 것인가? 무모한 정책으로 미증유의 의료 사태를 야기한 대통령은 탄핵되고 정권이 바뀌었다. 전 정부의 폭압적인 정책에 항의하며 전공의들은 사직하고 의대생들은 휴학했지만 2025년 의대 정원은 1,509명이 증원되어, 2020년 문재인 정부와 당시 체결한 9.4 의정합의—"정부는 의대 증원 통보 등 일방적 정책을 강행하지 않는다"—는 무참히 깨졌다.

또한 윤석열 대통령이 2023년에 「간호법」이 직역 간 과도한 갈등을 불러일으키고 국민 건강에 대한 불안감을 초래한다는 이유로 거부권을 행사한 지 불과 1년 만에, 전공의 공백을 이유로 PA(진료지원인력) 업무를 합법화하며 전격적으로 제정되었다. 이번 의정 갈등이 없었다면 「간호법」은 통과되지 않았을 것이다. 전공의들의 투쟁으로 대한간호협회(이하 간협)의 오랜 숙원이 이뤄진 셈이다.

또한 작년 7월, 전공의들의 사직서가 처리되고 일시에 만 명이 넘는 사직 전공의들이 일자리를 구하면서, 일반의 월급은 반토막이 되었다. 의사 월급을 줄여야 한다고 주장하던 사람들의 소원도 이번 사태로 이뤄진 셈이다. 그뿐만 아니라, 민주당으로 조기에 정권이 교체되면서 공공의대 설립을 숙원으로 삼던 사람들 역시 예기치 않게 빨리 꿈을 이루게 될 것으로 보인다.

그렇다면 의사들에게는 무엇이 남았을까? 아마도 이번과 같은 자해적 투쟁은 다시 해서는 안 된다는 교훈만큼은 확실히 얻게 되었을 것이다. 그나마 2026년 의대 정원 증원이 취소되고, 2027년부터는 의료인력수급추계위원회를 통해 증원 여부를 결정하게 된 것은 다행이다. 그러나 이번 사태에 책임이 없는 민주당이 대선 공약이었던 공공의대, 공공의료사관학교, 주치의 제도 등을 추진하며 의대 정원 증원 이슈를 어떻게 끌고갈 것인지 귀추가 주목된다.

윤석열 정부의 정책이 워낙 폭압적이었고, 이에 앞장선 관료들의 행태가 도저히 받아들일 수 없는 수준으로 거칠었기에 의사들과 의대생들이 강력한 투쟁에 나선 것은 충분히 이해할 수 있다. 하지만 투쟁은 그 자체가 목표일 수 없고 협상력을 높이기 위한 수단이어야만 원하는 결과를 얻을 수 있다.

전공의들의 공백으로 대학병원 진료에 차질이 클 때가 대정부 투쟁의 협상력이 높은 시기였다. 사태가 장기화되면 환자들이 입는 피해가 얼마나 심각한지 누구보다 잘 알고 있는 의사들이기에 조기에 사태를 해결하고자 모든 의사 단체가 정부 정책의 원점 재검토를 요구하며 나섰다. 그러나 의정 협의의 중심이 되어야 할 의협은 내분으로 인해 산하 단체인 대한전공의협의회(이하 대전협)와도 협의하지 못했고, 그 결과 정부와 아무런 협의도 이루지 못한 채 해를 넘기게 되었다. 윤석열 정부는 의료계가 단일안을 가져오라고 요구했지만 의협은 '원점 재검토' 외에는 어떠한 요구안도 제시하지 못했다.

작년 7월부터 대학입시의 재외국민 특별전형이 시작되었기 때문에 의협은 그 이전에 정부와 협의할 수 있는 계기를 마련하고자 했다. 이에 의협은 대한의학회, 한국의과대학·의학전문대학원협회, 전국의과대학교수협의회(이하 전의교협), 전국의과대학교수비상대책위원회(이하 전의비)와 매주 연석회의를 진행하였고, 그 결과 대전협 비대위원장, 전의교협 회장, 시도의사회장단 대표가 공동위원장을 맡고 의대생 대표도 참여해 만장일치제로 협의하는 '올바른 의료를 위한 특별위원회(이하 올특위)'를 2024년 6월 22일 출범시켰다.

또한 대정부 요구안으로 다음의 세 가지를 제시하였다.

1. 과학적인 수급 기구를 통해 의대 정원 증원을 의료계와 재논의할 것
2. 필수의료 정책 패키지의 쟁점 논의사항은 의개특위와 별도로 의료계와 논의할 것
3. 전공의 및 의대생 관련 모든 행정명령 및 처분은 즉각 소급 취소하고, 사법 처리 위협을 중단할 것

그러나 의협과 정부에 대한 신뢰가 없는 전공의와 의대생들은 올특위 참여를 거부했고, 의협이 정부와 협의하는 것 자체를 반대하며 대학병원들이 망할 때까지 버텨야 정부가 의사들의 주장을 들을 것이라는 희망으로 협상의 적기를 흘려보냈다. 그 사이 대학병원들은 차츰 전공의가 없는 진료 환경에 적응해갔다. 진료에 차질이 생기고 수입이 줄기는 했지만, 대학병원으로서는 어쩔 수 없는 선택이었다.

정부의 막무가내식 정책 추진도 문제이지만, 의료계 역시 '원점 재검토'에서 한 발도 물러서지 않음으로써 사태가 장기화되었다. 작년 11월, 전공의와 의대생의 지지를 받지 못한 의협 회장은 결국 대의원회에서 탄핵되었고, 올해 1월 대전협 비대위원장의 지지를 받는 새 회장이 선출되었지만 지금도 의협은 "의대생과 전공의들의 선택을 존중한다"고만 할 뿐 사태 해결에 있어서는 물러서 있다.

그 사이 전공의가 없는 대학병원에 국민들도 적응하고, 병원들은「간호법」의 영향으로 PA 간호사의 업무 범위를 확대하면서 간호사 중심 병원체계로 자리를 잡아가고 있다. 전공의들의 복귀가 늦어질수록, 간호사에게 위임하는 의사 업무는 더욱 늘어날 전망이다.

대통령의 비상계엄과 탄핵 사태를 거치며 의정 갈등은 국민들의 관심에서 멀어졌고, 정권 교체 과정에서 홍역을 치룬 우리 사회는 이제 사회의 안정을 바라며 아직도 돌아오지 않는 의대생과 젊은 의사들을 향해 싸늘한 시선을 보내고 있다.

이번 사태가 전공의와 의대생들만의 문제가 아님에도, 이 지경

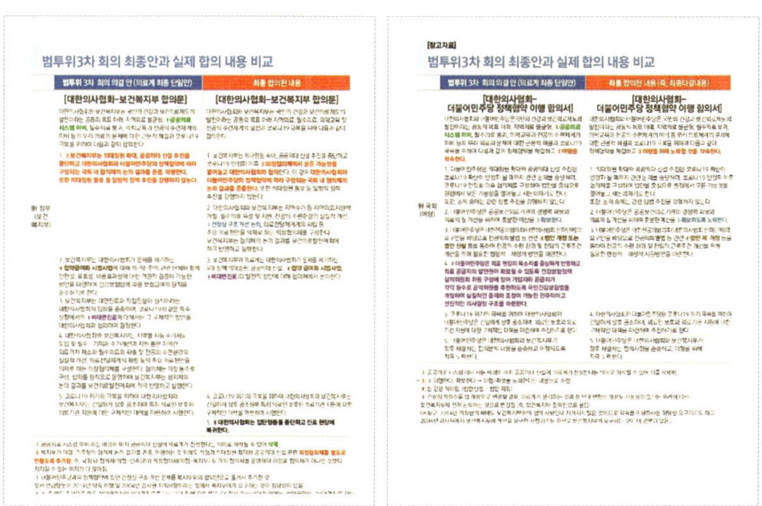

까지 온 데에는 2020년 문재인 정부 당시 9.4 의정합의에 대한 논란의 여파가 크다. 당시 대전협 회장이 부위원장으로 참여한 '범의료계 4대악 저지 투쟁 특별위원회(이하 범투위)'에서 만장일치로 최종 요구안을 만들어 정부와 당시 여당이었던 민주당을 상대로 이를 관철시켰으니, 의료계 입장에서는 성공적인 결과였다.

그러나 당시 대전협 회장은 회원들에게 의협 회장이 독단적으로 의정합의를 했다고 허위 사실을 주장했다. 이로 인해 모든 성과는 물거품이 되었고, 이후 의사 사회는 극심한 반목과 혼란을 겪게 되었다. 대전협 회장의 거짓말에 전공의들은 크게 반발하였고 이 공방은 법정 다툼으로까지 가서야 대전협 회장이 허위사실을 유포했음이 밝혀졌다. 그럼에도 "의협 회장이 전공의들 뒤통수를 치고 졸속 합의를 했다"는 거짓 선동은 지금의 전공의와 의대생들이 의협을 불신하고 모든 의정 논의를 거부하게 만드는 등 큰 영향을 끼치고 있다.

2020년 9.4 의정합의는 당시 의대생과 전공의들을 포함하여 회원들의 피해 없이 정부와 민주당이 의대 정원 증원을 포기하게 만든 합의였다. 그러나 의협 내부의 혼란을 수습하지 못하면서 이후 합의 진행의 동력을 얻지 못했고, 그 결과 윤석열 정부가 2020년 의정합의를 무참히 깨버리는 결과를 초래했다.

이 과정을 다 알고 있는 민주당 정부는 의사들과의 9.4 의정합의보다 2021년 산별노조와 공공의료 강화를 포함해 맺은 9.2 노정 합의에 더 비중을 두는 모양새다. 지난 6월 30일 "보건의료 위기 갈등의 시대! 이재명 정부 출범 100일 내 해결해야 할 최우선 과제는 무엇인가"란 주제의 국회 토론회에서 더불어민주당 조원준 보건복지 수석전문위원은 합의를 대하는 의료계와 노동계의 태도 차이가 협상 동력의 격차로 이어지고 있다고 지적했다.

의사는 자신의 환자를 돌보는 데 있어 진단부터 치료, 예후에 이르기까지 최신 지견과 초정밀 의학까지 아우르는 최고의 전문가다. 또한 대부분의 의사들은 환자 진료를 위해 사생활도 제쳐놓고 밤낮 없이 일하며 살아가는 것을 당연하게 여겨왔다. 그러나 의료 환경을 개선하는 데에는 전문성을 발휘하지 못했고, 그 결과 의사들은 모든 변화를 거부하는 기득권 세력으로 비쳐져 왔다.

2024년 6월 18일, 여의도 광장에서 열린 '의료농단 저지 전국의사 총궐기대회'의 슬로건은 "관치주의 후진의료에서 전문가주의 선진의료로!"였다. 당시 궐기대회 사회를 맡았던 나는 이 구호를 목이 터져라 외쳤다. 전문가인 의사들과 소통하지 않고, 의료 현장을 모르면서 명령만 앞세우는 관치주의로는 후진 의료를 벗어날 수 없다는 절박한 호소였다.

그런데 그로부터 1년이 지난 지금, 이번 사태로 드러난 의사 사회의 역량을 볼 때, 과연 우리가 전문가주의를 내세울 수 있는 집단인지 의문이 든다. 만약 정부가 관치 행정의 문제를 인정하고, 이제부터 우리 의료를 더 선진적으로 개선해달라며 정책 결정권을 의협에 맡긴다면, 우리는 이를 해낼 수 있을 것인가? 국민들에게 관치 의료보다 의협이 주도하는 의료가 더 좋다고 인정받을 수 있을 것인가?

이번 의대 증원 사태의 원인으로 소환되는 기피과 문제와 지역 의료 문제는 지난 수십 년간 의사들이 저수가와 비급여 등 잘못된 제도에 묵묵히 순응하며 살아온 결과이기도 하다. 더 이상 방치하기 힘든 상황임을 우리도 잘 알고 있다. 이에 문제를 잘 아는 전문가인 우리 의사들이 정책을 만들면 이를 해결할 수 있을 것인가? 지금의 의협 모습으로는 그런 기대를 할 수 없다. 정부나 타 직역과의 협상은커녕 산하단체와도 소통이 안 되고, 회원들이 선출한 회장을 대의원회에서 탄핵 소추하는 일이 빈번한 단체에서 누가 회장이 되더라도 이 해묵은 문제들을 풀 수 있는 지도력을 갖기 어렵다고 본다.

그렇다면 이제 우리는 무엇을 해야 할까? 나는 두 가지가 필요하다고 생각한다. 하나는 의사 사회의 거버넌스 개혁이다. 내가 6개월간 짧은 의협 상근이사로 일하며 느낀 것은 의협 회장의 무력한 지위다. 일을 하면 탄핵 위기에 처하고, 일을 안 하면 직을 유지할 수 있는 것이 지금 의협 내의 정치 상황이다. 왜 이러는지에 대해 여러 의견이 있지만 국민들은 관심이 없고, 정부는 그저 한심하게 볼 뿐이다. 이제는 성과를 낼 수 있는 거버넌스로 개혁해야 한다.

또 하나는 전방위적인 대국민 설득이다. 의사들이 원하는 진료 환경이 환자에게 가장 안전하고 국민을 위한 합리적인 의료라는 사실을 더 적극적이고 전략적으로 설득해 나가야 한다. 이는 집회나 사직, 휴학보다 더 어렵고 오랫동안 지속적으로 노력해야 하는 일이지만 그래도 반드시 해야 한다. 이걸 우리가 해내지 못한다면, 국민들은 오늘처럼 관치의료를 선택할 것이다.

그리고 국민 설득에 앞서, 이번 사태로 상처받고 혼란에 빠진 의대생들을 설득해야 한다. 이 나라에서 의사가 되는 것이 자랑스러운 선택이 되도록, 더 나은 의료 환경이 될 거라는 믿음을 선배 의사들이 주어야 한다. 의협의 거버넌스 개혁이 늦어지더라도 교수와 선배가 제자와 후배를 보듬고 이끌어야 한다. 그런 뜻에서 나는 면허 취득 후 10년 이내의 젊은 의사들을 교육하는 '대한의료정책학교'를 지난 3월 30일에 설립하고 교육을 이어가고 있다.

의료 제도는 아무리 불합리해도 공급자인 의사들의 주장만으로 바꿀 수 없다. 국민들이 '정부보다 의사들의 주장이 환자들을 위한 것'이라는 인식을 갖게 만드는 일은 어려워 보이지만 실은 매일 환자를 만나는 의사들이 가장 자신 있게 할 수 있는 일이다. 내 환자조차 설득하지 못하면서 어떻게 이해관계가 다른 타 직역과 정부를 설득할 수 있겠는가?

불합리한 진료 환경 속에서 합리적인 의료행위를 기대하는 것은 어리석은 일이다. 이번 사태로 절실하게 요구된 의사 사회의 거버넌스 개혁과 대국민 설득의 노력을 포기한 채, 각자도생의 의료로 흩어진다면 결국 우리 자신도 환자가 되어 더 불합리해진 의료의 희생자가 될 수밖에 없다.

그러므로 이번 사태는 '결국 의료가 무너졌다'로 끝나서는 안 된다. 이제 모든 것은 우리 하기에 달렸다. 이 시련을 딛고 일어나 의료 제도를 선진화하고, 의사 사회를 더욱 성숙하게 성장시키는 전문가다운 우리가 되기를 바란다.

최안나

- 대한의료정책학교 교장
- 강릉의료원장
- 대한의사협회 총무이사 및 대변인 2024.05. ~ 2024.12.
- 국립중앙의료원 산부인과 난임센터장 2016.05. ~ 2025.04.

절망의 재에서
피어나는 희망

· 노혜린 ·

절망에서 시작된 질문

2000년 의약분업 사태는 내 인생의 전환점이었다. 간담췌외과 전임의 과정을 마치고 희망찬 미래를 그려가던 그 시절, 막 교수로 임용받은 나는 세상을 향해 활짝 열린 마음으로 서 있었다. 그러나 정부의 일방적인 정책 추진과 의사를 적대시하는 사회 분위기는 내 가슴에 깊은 상흔을 남겼다. 그 경험은 나에게 깊은 정신적 충격과 좌절감을 안겨주었다.

가장 견디기 어려웠던 것은, 환자의 생명을 살리기 위해 밤낮으로 노력해 온 내 모습과 사회가 규정하는 '이기적인 집단'이라는 프레임 사이의 괴리감이었다. 환자와 함께한 고된 나날들을 아름다운 추억으로 간직하고 있던 순수한 믿음이 깨지며, 적나라한 현실을 마주하게 되었다. 한없이 즐거웠던 외과의사로서의 삶이 더 이상 내게 행복으로 다가오지 않았다.

그때 나는 스스로에게 질문했다.

'의사들이 더 소통하고 사회적 소양을 갖춘다면 상황이 달라질 수 있지 않을까?'

이 질문이 나를 외과의사에서 의학교육학자로 이끌었다. 절망 속에서 희망을 찾는 길, 그것이 의학교육이라고 믿었다. 소통과 윤리, 전문직업성, 환자 안전, 사회적 책임, 리더십과 협력 등을 가르치며 사회와 함께 호흡하는 의사를 후학으로 키우고자 했다.

또 다시 마주한 현실

2024년 윤석열 정부의 의대 정원 증원 정책으로 촉발된 의정 갈등을 바라보는 내 마음은 처참했다. 25년간 의학교육에 온 마음을 바쳤지만, 본질적으로 변한 것은 없었다. 정부는 여전히 일방적이었고, 사회의 시선은 변함없이 차가웠다. 전공의와 학생들이 병원과 학교를 떠나는 모습을 보며 나는 2000년을 떠올렸다. 그들이 25년 전 나와 같은 절망 속에 있음을 나는 안다.

나는 지난 25년 의학교육학자로서의 삶을 돌아보며 초심을 잃었음을 뼈아프게 인정했다. 의학교육학자로 살아남기 위해 급급했고, 의학교육 영역에서 선호하는 주제들을 연구하는 것을 우선시했다. 사회와 정부, 언론, 정책에 대한 이해를 돕는 교육은 후순위로 미뤘다. 사회과학 교육을 더 일찍, 더 적극적으로 전개하지 못한 것을 나는 깊이 후회했다.

그해 5월, 나는 한국의학교육학회 정책이사로서 학술대회에서 '국내외 의사들의 집합행동(Collective action)과 의정 갈등'에 대해 발표했다. 뜻을 같이할 동료를 모으고, 논문을 쓰고, 공부하고, 토론하며 함께 고민했다. 그 모든 시간은 더는 후회하지 않겠다는 나의 처절한 몸부림이자 저항의 기록이었다. 결국 나는 '사회과학과 의학교육 연구회'를 설립했다.

의사 파업 역사가 말하는 진실

국내외 의정 갈등에 대한 연구 결과는 의미심장한 통찰을 제공한다.

첫째, 전 세계 의사들의 집합행동(파업 등)은 1904년부터 지금까지 70여 개국에서 보고되고 있었다. 특히 캐나다는 파업을 가장 많이 한 국가이면서도, 의사가 '존경받는 직업 1위'로 꼽히는 나라였다. 집합행동 이유의 절반 이상은 임금이나 근무 환경 개선이었다. 이는 '파업=존경받지 못함'이라는 단순한 등식이 잘못되었으며, 의사들이 근무 조건 개선만으로도 파업할 수 있음을 보여준다.

둘째, 한국 의사들의 집합행동 역사는 1956년부터 2018년까지 15차례에 걸쳐 기록되어 있다. 한국 의사들은 정부의 잘못된 정책에 저항해 왔고, 정부는 매번 개선을 약속했지만 이를 이행하지 않았다. 이러한 반복은 의료계의 깊은 불신을 초래했다. 이는 기존 의사들이 의료시스템 개선을 위해 아무것도 하지 않았다는 젊은 의사들의 비난이 사실과 다름을 보여주며, 한국 의사들의 정부 불신이 누적된 경험에서 비롯된 것임을 드러낸다.

셋째, 의정 갈등에 관한 16개국 26편의 원저 논문을 분석한 결과, 대부분이 정치학, 사회학, 경제학, 정책학, 언론학 등 사회과학자들이 작성한 것이었다. 그들은 갈등을 제도와 권력, 구조의 문제로 분석했다. 의정 갈등은 단순한 직역 이기주의가 아니라, 정치와 민주주의를 비추는 거울이었다. 이는 의정 갈등을 분석하고 해법을 모색하는 데 사회과학이 핵심적인 역할을 할 수 있음을 시사한다.

넷째, 독재 정권이든 민주 정권이든, 세계의 각국 정부는 파업을 막기 위해 의사들에게 소명의식이 없다고 비난해 왔다. 여론을 활용하고, 정부 친화 세력을 동원해 옹호 연합을 구축했으며, 법을 동원하거나 때로는 무력을 앞세우기도 했다. 이에 맞선 외국의 의사들은 조직 내실화와 연대, 공공관계 개선으로 대응하며 정치적·사회적으로 각성했다. 이제 우리도 사회과학이라는 렌즈를 통해 이 현실을 직시해야 할 때다.

사회과학이라는 허허벌판

내가 의학교육 영역에 발을 디딘 것은 의사에게 사회과학 교육이 필요하다고 느꼈기 때문이었다. 그러나 사회과학을 내가 직접 나서서 교육하는 것을 주저했다. 인문학 열풍이 불던 시점이었던데다, 해당 분야 전문가들과 마찰을 빚고 싶지 않았으며, 결정적으로 아무도 나서지 않는 일에 뛰어들었을 때의 고난과 역경을 평생 감내할 자신이 없었기 때문이었다.

그러나 이번 의정 갈등을 겪으며 나는 더 이상 물러설 수 없음을 통감했다. 그리고 논문 작업을 통해 확신과 용기를 얻게 되었다. 정년 후의 한가로운 계획이었던 사회과학이, 이제는 미룰 수 없는 현재의 과제가 되었다. 나는 이제 남은 인생을 사회과학에 바치기로 했다. 이는 단순한 학문적 관심의 확장이 아니라, 내 인생의 방향을 다시 한번 전환하는 결정이었다.

과거 의학교육이라는 보호막 안에서만 조심스럽게 의견을 제시했다면, 이제는 사회과학이라는 허허벌판에서 아무도 나를 보호해 주지 않더라도, "네가 무슨 사회과학을 하냐"라는 비판을 받더라도 더 이상 회피하지 않고 분명하게 내 목소리를 내기로 했다. 사회과학자로의 전환은 개인적으로는 도전이지만, 사회적으로는 필연적 선택이라고 생각한다.

내가 진정 원하는 것은

2024년 12월 3일, 계엄령이 선포되었다. 그때 나는 '위기의 의학교육'이라는 주제로 정부의 잘못된 의사 양성 정책을 비판하는 대토론회를 준비 중이었다. "사회 혼란을 조장하는 자를 영장 없이 처단할 수 있다"는 포고령을 읽는 순간, 내 안의 나약한 지식인의 민낯을 마주했다. 열두 살 때 경험했던 5.18 광주의 기억이 되살아나며 나는 무서웠다.

민주주의가 아직 이 땅에 깊이 뿌리내리지 못했다는 사실을 실감했다. 단지 정부만의 문제가 아니라 우리 일상에, 그리고 나 자신에게도 스며든 권위주의 문화를 바꿔야 한다는 것을 깨달았다. 이 깨달음은 내 시각을 더 확장시켰다. 처음에 나는 사회과학이 의사 관점에서 의정 갈등을 해결할 열쇠라고 생각했지만, 이제는 더 큰 그림이 보이기 시작했다. 사회과학은 한국에, 그리고 더 나아가 세계에 민주주의를 확립하는 강력한 동력이다.

계엄령이라는 극한 상황은 내 안에 숨어 있던 삶의 진짜 동기를 분명하게 드러냈다. 나는 민주주의가 이 땅에 실현되고, 권위주의가 사라지기를 간절히 바라며 살아왔다. 진정한 권위가 존중받는 민주주의 국가가 되기를 소망한다. 이것은 단지 나 개인이나 의사들뿐만 아니라 이 땅에 사는 모든 이들의 바람일 것이다. 이 사실을 깨닫는 순간, 닫혀 있던 내 마음은 세상을 향해 다시 활짝 열렸다. 어쩌면 이것은 절망의 재에서 희망으로 되살아나는, 불사조와 같은 경험이었다.

이제는 답할 수 있다

25년을 살아오며, 나는 절망적으로 보이는 현실이 다른 시각에서 보면 성장의 기회가 될 수 있다는 것을 알게 되었다. 피눈물 흘리는 경험이 오히려 살아있다는 증표이며, 현실을 직시하고 희망을 품게 하는 원동력이 된다는 것을 체감했다. 25년 전, 그 절망적 순간이 오히려 나를 의학교육의 길로 이끌었듯이, 지금의 절망은 나에게 사회과학이라는 새로운 가능성의 문을 열어주었다.

앞으로도 갈 길은 멀고 험할 것이다. 하지만 절망은 더 이상 나를 주저앉히지 못한다. "내일 지구의 종말이 와도 오늘 한 그루의 사과나무를 심겠다"는 말이 이제 온전히 내 마음에 닿는다. 결과를 장담할 수 없어도, 절망적인 현실 앞에서도 오늘 내가 할 수 있는 일을 하겠다는 다짐이다. 한 사람의 작은 변화가 세상을 바꿀 수 있다는 희망을 품고, 나는 오늘도 한 그루의 사과나무를 심는다.

어쩌면 지난 25년간의 아팠던 모든 시간은 지금 이 순간을 위한 준비였을지도 모르겠다. 나는 이제 준비가 되었다. 환상에서 깨어나 현실의 고통이 진짜 삶임을 자각한 지금, 나는 비로소 온전한 한 인간이자 진정한 의사가 되었음을 느낀다. 이것이, 절망 속에서도 포기하지 않고 걸어온 한 의사의 고백이다.

나처럼 절망했을 모든 이에게 말하고 싶다.

우리는 혼자가 아니라고.

우리가 흘린 피눈물이 절망의 재로 타버린다 해도, 그 속에서 반드시 새로운 희망이 태어날 것이라고.

노 혜 린

- 인제의대 의학교육학
- 대한민국의학한림원 의학용어개발및표준화위원장
- 사회과학과 의학교육 연구회 회장 2024.05. ~ 현재
- 한국의학교육학회 정책이사 2022.09. ~ 현재
- 한국의과대학·의학전문대학원협회 전문위원
  2008.08. ~ 2025.02.

이타(利他)행위의 진실*

• 안윤옥 •

봉사활동이 사망 위험을 낮추는 효과가 있다는 연구 보고가 있었다(Stanford School of Humanities and Science. 2022). 55세 이상 남녀 2,025명을 대상으로 5년 이상 추적관찰한 코호트(cohort) 연구였는데, 봉사활동을 하는 사람들의 평균 사망률은 24.1/1,000인·년으로, 봉사활동을 하지 않는 사람들(30/1,000인·년)에 비해 약 80% 수준이었다. 특히 두 가지 이상 봉사활동에 적극적으로 참여한 사람들의 사망률은 13/1,000인·년으로, 봉사활동을 하지 않는 사람들 대비 약 43% 수준으로 더 낮게 나타났다.

---

* 이 글은 2010년 10월 발표한 것을 일부 수정한 것이다.

　나는 1990년부터 순수한 사회봉사 시민단체인 대한암협회 (Korean Cancer Society, 1966년 설립) 사업에 참여해 왔으며, 2004부터 2010년까지 제9, 10대 회장을 역임하기도 했다. 대한암협회가 수행하는 대국민 항암사업은 대부분 개인 또는 단체(기업 등)의 후원과 자원봉사에 의해 운영되고 있으며, 이는 특정한 대가나 이익을 바라지 않는 순수한 공헌(貢獻) 내지 봉사로 이루어진다.

　대한암협회에 참여하면서 가끔 '봉사활동' 또는 '이타행위(利他行爲, altruistic behaviour)'의 동기(動機)에 대해 생각해 본 적이 있다. 나의 경우, 순수하고 진정한 이타행위라기보다는 현재의 나를 있게 한 사회에 대하여 일종의 보답(報答)행위라는 생각이었다.

　봉사활동이나 이타행위의 본질에 대해 여러 가지 의문이 들었다. 본인의 비용을 부담하면서 아무런 대가 없이 타인에게 이익을 주려는 순수한 이타행위가 과연 가능한가? 이타행위를 통해 스스로 어떤 정신적 보람을 느끼기 때문은 아닐까? 그렇다면 그 정신적 보람도 일종의 대가가 아닐까? 비록 대가를 바라지 않았다 하더라도, 장기적 혹은 궁극적으로 봉사자에게 이익이 돌아오기 때문은 아닐까? 만약 결과적으로 대가가 따르는 행위라면, 그것을 과연 봉사나 이타라고 부를 수 있을까? 이타행위는 사회적·도덕적 관념에 대한 교육의 결과일까, 아니면 인간 본성의 일부일까? 이처럼 많은 의문이 떠올랐다.

　이타행위의 사전적 정의는 다음과 같다. '자신이 아닌 타인에게 이익을 주기 위한 행위'로, 그에 소요되는 비용을 전적으로 행위자가 부담하며, 특히 그 행위에 대해 특정한 보상이나 대가가 행위자에게 돌아온다는 기약(期約)이 없는 행위를 일컫는다.

이타행위의 유형(類型)

일상생활에서 말하는 이타행위 또는 이타적 방식은 남을 돕겠다는 '의식적인 의지'가 포함된 행위를 뜻한다. 그러나 이러한 의식적 의지가 없는 생물체에서도 이타행위는 관찰된다. 다시 말해, 거의 모든 생물체에서 삶의 방식 중 하나로 이타행위가 나타나고 있는 것이다.

이타행위는 이익을 주려는 대상이 누구인지에 따라 두 가지 유형으로 구분되며, 각각의 속성을 이해하는 데 도움이 된다.

첫째, 대상이 유전적으로 연관된 혈연유기체(血緣有機體), 즉 혈족(血族) 일 경우 '본능적·혈연적 이타행위(biological altruism)'라고 부르며, 이는 W. 해밀턴(W. Hamilton)의 '혈연 선택 이론(Kin Selection Theory, 1964)'으로 설명된다. 이 이론은 1960년대부터 진화생물학, 진화사회학, 문화인류학, 철학 등 여러 학문 분야에서 활발히 논의되어 온 주제다.

둘째, 유전적 또는 혈연적 연관이 없는 동족(예: 타인)이나, 종간(種間, 즉 이종족) 사이에 나타나는 이타행위는 '호혜적(互惠的) 이타행위(reciprocal altruism)'라고 한다.

본능적·혈연적 이타행위는 쉽게 말해, 종족 보존과 번식을 위한 생물 유기체의 원초적 본능에서 비롯된 행위다. 이는 인류를 포함해 집단생활을 하는 동물들 사이에서 흔히 관찰되는 삶의 방식 중 하나로, 생물의 진화 과정에서 자연선택된 중요한 생존 및 종족 번식 전략 중 하나이며 '이기적 유전자(by Richard Dawkins)'에 의해 설계된 전략이라는 것이다.

동물이 가장 기본적인 집단은 유전자를 공유한 혈족 집단이며, 이들은 혈족 보존과 생존을 위해 자신의 생명을 기꺼이 희생하는 행동을 보이기도 한다. 예를 들어 공격해 오는 포식자(예: 사자)에게 스스로 먹잇감이 되거나, 맞서 싸우는 행위 등이 이에 해당한다. 다시 말해, 자신의 유전자를 공유한 혈족의 생존과 번식을 위해 자기 자신을 희생하면서까지 이타행위를 하는 것이다(Kin Selection Theory by W. Hamilton).

동물의 생존과 번식을 위한 삶의 방식의 요체(要諦)는 '우수한 유전자를 선택(選擇)하고 그에 모든 자원을 집중(集中)하는 전략이다. 목숨까지도 희생하는 본능적·혈연적 이타행위 역시 이러한 '선택과 집중' 전략의 한 방식이라 할 수 있다. 예를 들어, 선택·집중시킬 개체(즉, 우두머리)의 생식 활동을 위해 다른 개체들이 자신의 희생을 감수하는 이타행위를 하는 것이다.

호혜적 이타행위는 유전적으로 연관이 없는 유기체들(예: 동물과 식물, 또는 혈연관계가 없는 개체들) 사이에서 나타나는, 서로에게 이익이 되는 행동 방식, 즉 서로 이익을 '주고받는 행위(reciprocity)'를 의미한다(by R. L. Trivers, 1971).

내 생각에 이는 일종의 교역행위(trading)에 해당하는 것으로, 이익을 주는 대상에게서 대가나 보상을 확약받고 이루어지는 행위가 아니라는 점에서 '이타행위'의 한 유형으로 포함시키고 있다. 호혜적 이타행위 역시 생물의 진화 과정에서 자연선택을 통해 형성된 것으로, 종족 번식을 위한 삶의 방식 중 하나로 여겨진다.

삶의 방식으로서의 이타행위

종족 번식을 위한 생물들의 전략은 곧 그 종족의 삶의 방식이라고 할 수 있다. 그리고 이러한 삶의 전략으로 호혜적 이타행위를 택한 생물체가 바로 식물이다. 동물의 삶의 전략이 본능적·혈연적 이타행위, 즉 '선택과 집중' 방식에 해당한다면 식물은 '먼저 주고 보상을 받는' 방식, 즉 호혜적 이타행위 방식으로 진화해 왔다.

식물들이 씨를 퍼뜨리기 위해서는 다른 것의 도움이 필요하다. 초기에는 자연의 힘(예: 비, 바람)을 빌려 씨를 퍼뜨리는 원시적인 방식이 사용되었으나, 이는 효율성이 떨어져 진화 과정에서 점차 퇴출(번식 감소/멸종)되어 왔다. 그다음 진화한 방식은 동물의 힘을 활용하는 전략이다. 식물은 씨를 퍼뜨리거나 접붙여줄 수 있는 적정한 동물을 표적(標的)화하여, 그 동물들이 탐하는 과실이나 꿀을 만들어 줌으로서 씨가 퍼뜨려지는 전략이다. '먼저 주고, 보상을 받는'

이 방식은 결과적으로 동물의 '선택과 집중' 방식보다 월등한 효율성, 즉 더 뛰어난 종족 번식 성과를 가져오는 삶의 전략으로 자리 잡게 되었다.

우리 인류(人類)의 삶에서도 호혜적 이타행위는 핵심 요소를 이루고 있다. 이는 다른 생물체와의 호혜적 이타행위와 인간끼리의 이타주의 행위(이타심) 두 가지로 나눌 수 있다. 예를 들어 농업, 목축, 양식업 등은 다른 생물체와 맺는 호혜적 이타행위의 대표적인 예로, 지금까지 지구상에서 개발하고 진화되어 온 가장 효율적인 종족 번식 전략이라고 할 수 있다. 특히 인류 역사에서 약 1만 년 전에 일어난 농업혁명은 인류 문명의 진화 과정에서 두 번째 생활혁명으로 평가된다(참고로 첫 번째는 4~5만 년 전의 인지혁명, 세 번째는 18세기의 산업·기계혁명, 네 번째는 현재진행 중인 정보혁명이다).

농업혁명은 피상적(皮相)으로는 생존과 관련된 식량 문제를 해결한 기술적 혁신으로 보일 수 있지만 보다 근원적인 관점에서 보면 자연생태계(自然生態界)의 근본 원리, 즉 생명 현상의 궁극적인 목적이라 할 수 있는 생존과 번식에 가장 충실한 지고(至高)의 생활혁명이라고 할 수 있다.

이 농업혁명은 인류의 생활양식에 혁명적인 변화와 진화를 가져왔다. 다시 말해, 농사, 목축, 양식에 필요한 생물들의 생존과 번식을 획기적으로 촉진하고 확장시키는 호혜적 이타주의 방식이 인류의 핵심적인 생활양식이 되었으며, 이로 인해 인류는 기존의 수렵, 채집, 유목 중심의 이동생활에서 정착생활로 전환하게 된다. 이러한 변화는 사회·문화적 진화를 활성화하는 계기가 되었을 뿐만 아니라, 인류사회가 씨족·무리(Band) 집단에서 부족사회(Tribe)로, 더 나아가 군장사회(Chiefdom)를 거쳐 국가사회(Police)로 발전하고 진화하는 데 결정적인 기반이 되었다.

인간 삶에서의 이타주의(利他主義, Altruism) 연원(淵源)

인류사회 발전 단계에서 BC 800~AD 200은 '기축 시대(基軸, Axial Age by K. Jaspers, 1949)라고 불리는데, 이는 이전의 씨족이나 부족으로 이루어진 소규모 사회에서 대규모 군장 및 도시/국가사회로 정착되던 시기를 말한다. 이 시기(BC 5~4세기)에 대규모 집단사회에 걸맞은 인간 삶의 근본 원리(윤리)나 올바른 방식(도덕적 덕목)에 관해 설파한 성인(聖人)과 현인(賢人)들이 동서양에서 출현하였다. 동양의 석가, 노자, 공자, 맹자, 장자 등과, 소크라테스를 비롯한 그리스의 현자들, 그리고 예수가 그 대표적인 인물이다.

씨족/부족사회에서는 본능적·혈연적 이타행위에 의한 삶의 방식으로도 충분했다. 내가 원하는 것이 씨족/부족사회 안에 있기만 하면, 언제든지 얻을 수 있었기 때문이다. 그러나 도시/국가사회에서는 새로운 방식에 적응해야 했다. 내가 원하는 것을 타인으로부터 얻는 방법은 두 가지뿐이다. 뺏거나 훔치는 것, 아니면 교환하거나 거래하는 것이다.

전자는 지배 성향의 심리와 관계가 있다. 그리고 이 방식은 대립, 갈등, 분쟁, 부패, 폭력, 침략, 전쟁 등 인류 역사에 끝없이 펼쳐졌던 비극의 실마리가 되어 왔다. 이는 사회적·정치적 제도와 신념이 가장 우선적으로 통제하고자 했던 대상이기도 하다. 결국 이 방식은 진화 과정에서 점차 퇴출되고 탈락되어 왔다.

거래/교역에는 서로 주고받는 쌍방거래와 주기만 하거나 받기만 하는 일방거래가 있다. 매번 거래가 이루어질 때마다 협력·협조(주는 행위)와 배반·변절(주지 않는 행위) 중 하나를 선택해야 하는 딜레마(dilemma) 상황에 직면하게 된다.

BC 5~4세기에 등장한 동서양의 현자와 성인들은 '타인에 대한 사랑과 이타심(利他心)'을 주창(主唱)하는 사회 윤리와 덕목을 강조했는데, 이는 곧 서로에게 이익이 되는 행동 방식, 즉 호혜적 이타주의의 삶이 타인과 더불어 살아야 하는 사회적 동물인 인간(人間, Human-being)이 지녀야 할 기본적인 삶의 방식임을 일깨워 준 것이다.

교역은 신뢰와 공정한 거래를 통해 작동되며, 딜레마에 상황에 대한 대응 전략과 방식은 생물학적·사회문화적으로 진화하면서 인간 본성의 일부, 즉 진화의 산물로 선택되고 있는 특성이라 할 수 있다.

"이타주의 또는 이타행위는 특별한 심성이나 윤리·도덕·종교 교육, 혹은 숭고한 봉사(희생) 정신에서 비롯된 특출한 행위가 아니다. 오히려 이는 진화를 통해 안정된 삶의 전략(Evolutionary Stable Strategy, ESS)으로 자연선택된, 인간의 주요한 생존 전략이자 삶의 방식이며,

모든 인간의 본성에서 비롯되는 당연한 행위다. 이는 나의 생존에, 그리고 인간 사회의 존속에 필수불가결한 요소다."

교역/거래 딜레마의 진화

20세기 중·후반에 들어서면서, 거래 딜레마의 진화 과정과 그 결과를 추정하고 확인하려는 다양한 사고실험(思考實驗, Thought Experiment) 연구들이 진행되었다. 그 시작은 '죄수의 딜레마 게임(Prisoner's Dilemma Game)'이었다. 1950년 RAND 연구소의 수학자(數學) 멜빈 드레셔(Melvin Dresher)와 메릴 플러드(Merrill M. Flood)에 의해 'Game Theoretical Model of Cooperation and Conflict'라는 사고실험(思考) 모형을 제시되었는데, 그 모형의 구조는 다음과 같았다.

은행 강도 사건의 공범 두 명을 체포한 뒤 각각 분리된 방에서 검사가 취조(取調)를 하면서 공범들에 대한 형량 결정에, 소위 '파우스트 거래(Faustian bargain)' 조건을 제시한다. 이는 범죄 사실에 비해 검사가 확보한 범죄 증거가 부족한 상태(예: 형량 0.5년에 해당)에서 추가 증거에 대한 공범의 기여나 역할에 따라, 즉 공범이 상대의 범죄 사실을 '증언/누설'하거나 '침묵'하느냐에 따라 형량을 정하는 내용이었다.

두 사람 모두 '증언'하면 각각 징역 5년, 한 사람이 증언하고 다른 한 사람이 침묵하면 증언자는 석방되고 침묵한 자는 10년 형, 두 사람 모두 침묵하면 각각 0.5년 형이었다.

이 모형은 1950년 프린스턴 대학교 수학 교수였던 앨버트 W. 터커(Albert W. Tucker, 1905~1995)에 의해 정형화(定型化, modeling)되었고, 'Prisoner's Dilemma Game'이라는 이름으로 'Game Theory'의 시초가 되었다. 터커 교수의 모형은 다음과 같다.

상대 공범자의 범죄 사실을 '증언/누설(betray/defect=배반/변절)'할 것인지, '침묵(cooperate=협조)'할 것인지에 따라 형량 조정이 이루어진다. 범인 각각은 '배반' 또는 '협조' 중 하나를 선택/결정할 수 있는데, 이 상황에 대해 범인은 형량 이외의 보상이나 형벌은 없으며, 범인의 의사결정이 미래에 개인 명성이나 평판에 영향을 미치지 않는다는 특성 조건을 부여하였다. 세 가지 경우의 수에 따라 형량과 거래 내용은 다음과 같다.

1. 두 범인이 모두 '증언'을 하면, 각각 2년형을 받는다.
2. 한 사람이 '증언'하고 다른 사람이 '침묵'하면, 증언한 자는 석방되고 침묵한 자는 3년형을 받는다.
3. 두 사람 모두 '침묵'하면 각각 1년형을 받는다.

1) 쌍방거래/교역 딜레마 대응 전략- 호혜적 이타행위

터커 등에 의해 창안된 죄수의 딜레마 모형은 쌍방거래 딜레마 사고실험의 시초가 되었다. 이 사고실험 모형은 1990년대에 들어 거래 수익을 산출하는 2인 쌍방 대응 거래 모형으로 간결하고 쉽게 개조되었으며, 이후 인간의 사회적 행동을 연구하는 대표적인 사고 실험 도구가 되었다. 즉 1달러의 비용이 드는 3달러짜리 선물을 상대에게 줄 것인가(=협조), 혹은 주지 않을 것인가(=배반)를 선택하는 모형이다. 여기서 거래 수익이란 사회가 얻게 되는 공익(公益)을 의미하는데, 이를 터커의 죄수 모형에 대입해 보면 이는 곧 검사가 추가로 확보하게 되는 증거/형량에 해당한다.

쌍방 두 사람의 독립적으로 선택한 결과는 총 네 가지 경우로 나타난다.

1. 두 사람 모두 상대에게 '협조'하면, 각자 2달러의 순익을 얻으며(=R; reward), 거래 수익(=공익)은 4달러가 된다.

2. 두 사람 모두 '배반'하면, 양쪽 모두 손해도 이익도 없이(=T; temptation), 거래 수익은 0이다.

3. 선택이 엇갈려 한 사람이 '협조', 한 사람이 '배반'한 경우 거래 수익은 2달러다.

4. '협조'한 1달러의 손해를 보고 보고(=P; punishment), '배반'한 사람은 3달러를 착취한 셈이다(=S; sucker).

쌍방거래 딜레마 게임이 한 번만 시행되는 경우를 생각해 보자. 개인의 입장에서 가장 확실한 이기적(利己) 선택은 '배반'이다. 하지만 사회 구성원 모두가 오직 개인의 이익만을 고려해 이러한 이기적 선택을 하게 된다면, 결국 누구도 이익을 얻지 못하는 역설(逆說)

을 발생하게 된다. 더욱이 현실 사회에서 쌍방거래 딜레마가 단 한 번만 일어나는 경우는 거의 없다. 상대를 달리하며 수없이 반복되고, 매 거래마다 딜레마의 상황은 다르게 전개된다.

예를 들어, '나에게 필요한 물건을 전화 주문했는데, 돈을 먼저 부치라고 한다면 돈을 보내줘야 할까?' '한 번도 거래해 본 적 없는 사람이 돈을 빌려달라고 할 때, 빌려줘야 할까?' 등등이다. 따라서 선택과 결정의 결과도 1회성이 아닌, 누적하여 평가해야 함이 마땅하다. 즉, 쌍방거래/교역 딜레마에 대응하는 사회적 삶의 방식과 전략이 진화하게 된다. 보상을 받지 못하는 호혜적 이타행위는 결국 진화 과정에서 탈락되기 때문에 '상대방이 배신할 가능성을 포착하는 능력', 그리고 '배신에 대응할 전략을 세우는 능력'이 필요하게 되었다. 그리고 이러한 필요에 따라 그 방향으로의 진화가 이루어지는 것이다.

상대방이 나를 속이고 있는지를 포착하는 능력의 진화는 소위 '거울뉴런체계(mirror neuron system by Marco Lacoboni)'로 설명되고 있다. 이는 대뇌 전두엽 피질(inferior frontal cortex)과 두정엽(superior parietal lobe)이 만나는 부위에 위치한 거울뉴런이 관여하는 것으로, 이 뉴런들은 가상현실 기법(simulation)을 실행하는 뉴런체계로 추정된다. 이 체계는 다른 사람의 행동을 지켜보는 동안 관찰자에게 마치 자신의 행동이 거울에 비친 듯한 느낌을 유도하여, 그 행동의 진의(眞意)를 판단하게 한다.

한편, '배신'에 대응하는 생존 전략은 정신 능력의 집합적 활동에 기반한다. 이는 상대방의 의도를 포착하는 능력, 자아인식과 자아의 본성에 대한 이해, 기억과 회상의 신경 회로, 공감 및 감정 회로, 그리고 연상(聯想) 활성화(Associative Activation; 갑자기 떠오른 생각들이 두뇌 속에서 폭포가 퍼지듯 연쇄적 연상 활동을 일으키는 현상) 등이 함께 작용하는 복합적인 정신 활동을 통해 이루어진다.

이러한 정신 활동은 'Tit-for-Tat 전략(맞대응, by A. Rapoport, 1976)'이나 'Pavlov's 전략(=win-stay/lose-shift, by K. Sigmund & M. Nowak, 1993)'과 매우 밀접하게 연결되어 진화해 왔으며, '협력'을 우선하되 제한된 조건에서만 '배반'을 선택하는 대응 전략을 중심축으로 한다.

2) 일방거래 딜레마 대응전략 – 간접 호혜/공익적(公益的) 이타행위

현실 사회에서는 일방거래 딜레마도 존재한다. 즉, 보상을 받을 수 없는 상대와의 거래 상황이다. 예를 들어, '가족은 모르고 본인만 알았던 사람의 장례식에 가서 부의금을 전해야 할까?(죽은 사람한테 서는 보상을 받을 수 없다)'와 같은 상황인데, 타인의 장례식에 조문하는 행위 등을 '간접 호혜'(indirect reciprocity)로 설명하기도 한다.

간접 호혜는 쉽게 말해 "빚진 사람에게 직접 갚는 것이 아니라, 사회 구성원 중 다른 누군가에게 빚을 갚는 방식", 또는 "내가 너를 위해 뭔가를 하면, 다른 누군가가 나를 돕는다"는 방식의 상호성이다. 이러한 간접 호혜는 윤리와 도덕의 대표적인 진화 산물로 간주되며, 다른 어떤 집단생활 동물에게도 확인되지 않는 인간 고유의 사회적 행동 양식이다.

　기부자가 1달러의 비용으로 수혜자에게 3달러를 줄 수 있도록
하는 일방거래 사고실험에 관한 연구 보고가 있다. 처음 한두 번은
수혜자에게 기부가 이루어졌지만, 즉각적인 보답이나 보상이 없다
는 사실을 인지한 순간부터 기부 행위는 중단되었다. 그런데 수혜
자의 과거 평판, 예를 들어 남을 도왔던 경력에 대한 정보를 제공하
면 행동 결정이 완전히 달라진다. 즉, 윤리적 평판이 높은 수혜자일
수록 기부를 더 많이 받는다. 바꿔 말하면 수혜자의 윤리적 지위나
평판 점수, 곧 집단 이익에 기여한 행위에 대한 평가가 낮을 경우
도움을 주지 않는 도덕 기준에 따른 사회 행동(=응징)이 나타난다.

　그런데 이 응징 행위는 자신의 평판 점수에 불리하게 작용할 수
있으며, 이는 미래 이익을 포기하는 자아 희생에 해당한다. 이러한
상황을 '사회적 딜레마'라고 부른다. 그러나 응징이 없다면 이타행
위 자체가 사라질 수 있기 때문에 이 사회적 딜레마에 대응하는 전
략인 '응징'은 결국 이타행위를 사회에 존속시키는 공익적 이타행
위라고 할 수 있다.

　요컨대, 일방거래에서도 인간의 사회적 행동은 집단/사회가 이
익(=공익)을 얻는 방식으로 진화해 왔으며, 협력과 이타행위는 인간
본성의 한 형질로 선택되어 윤리와 도덕률로 자리하고 있음이 밝혀
지고 있다.

인간 삶에서의 이타주의 행동/방식

인간 삶에서 나타나는 쌍방 또는 일방거래/교역 딜레마에 대응하는 생존 전략과 윤리 본능의 진화 과정과 그 내용 등이 사고실험 연구 등을 통해 점차 밝혀지고 있다. 지금까지 확인된 사실을 요약하면 다음과 같다.

1. 인간 사회의 핵심적인 삶의 방식은 '호혜적 이타행위'와 '공익적 이타행위(=간접 호혜)'다.

2. 협력하고 너그럽게 행동하는 이타주의적 행위(利他, altruism)는 진화의 산물로서 인간의 윤리 본능이 되었다. '인(仁; 남을 어여삐 여기는 심정)'과 '예(禮; 양보하는 품성)'가 이를 뜻하는 문자다.

3. 집단/사회 전체의 이익(=공익)을 사익(私益)보다 우선시하는 태도가 사회적 삶의 기본 전략으로 진화되어 자연선택되었고, 이는 인성(人性)으로 갖추어졌다. '의(義; 부끄러워하는 심정)'와 '지(智; 선/악 구분)'가 이를 뜻하는 문자다.

이타주의 행동/방식은 인간 본성에서 나오는 자연 현상이다

결론적으로, 이타주의 또는 이타행위는 특별한 심성, 윤리, 도덕, 종교 교육이나 숭고한 봉사(희생) 정신에서 비롯되는 특출한 행위가 아니다. 이는 진화 과정에서 안정된 삶의 전략으로 자연선택된, 인간 생존을 위한 주요한 생존 전략이자 방식이며 모든 인간의 본성에서 비롯되는 당연한 행위다. 나 자신의 생존은 물론, 인간 사회의 존속에도 필수불가결한 요소인 것이다.

따라서 '이기심을 누르고 협력을 강화하는 생활 방식'이 진화의 산물로 인간 본성 형질의 하나가 되었다는 사실에서, '인간은 이기적이고 합리적인 존재'라는 개념은 잘못된 것이다.

> 의료행위는 공익과 이타주의가 발현되는, 인간 본성에 기반한 자연스러운 행위다. 이는 인간 사회에서 일어나는 '호혜적 이타행위'와 '간접 호혜'에 해당하며, 의사 개인의 수익을 올리기 위한 상품성 행위가 아니다.

참고 도서

- 스티븐 핑커, 『빈 서판』
- 도정일·최재천, 『대담』
- 존 브룩만, 『위험한 생각들』
- 박민영, 『논어는 진보다』
- 이가원 역, 『논어·맹자』
- Jared Diamond, 『어제까지의 세계(The World Until Yesterday)』, 2012
    - 1937년생, 케임브리지대 생리학 박사
    - 진화생물학·생물지리학 연구자, UCLA 지리학과 교수
    - Nature, Natural History, Discover 誌 등에 기고한 저널리스트
    - 주요 저서: 『총, 균, 쇠』, 『문명의 붕괴』, 『제3의 침팬지』, 『섹스의 진화』 등
- Robert Trivers, 『우리는 왜 자신을 속이도록 진화했을까? (The Folly of Fools — The Logic of Deceit and Self-Deception in Human Life)』, 2011

• '죄수의 딜레마'(Prisoner's Dilemma): Albert W. Tucker, Robert Axelrod, Karl Sigmund, Martin Nowak
• '사회적 딜레마'(Social Dilemma): Manfred Milinski, Richard Alexander

안 윤 옥

- 서울의대 명예교수 (대한암연구재단)
- 대한민국의학한림원 종신회원
- 서울의대 예방의학 명예교수 2013 ~ 현재
- 대한암연구재단 이사장 2006 ~ 현재
- 대한민국의학한림원 창립회원 2004 ~ 현재

　　　제3부 깊은 내상과 성찰: 전문직 윤리, 그리고 무너진 신뢰

갈등을 넘어 미래로
: 지속 가능한 의료개혁 제언

현재진행형인 의정 갈등,
현재완료형이 되려면

· 김인겸 ·

　의정 갈등이 일어난 주된 이유는 정부의 일방적인 의대 정원 대
구모 증원 정책 추진과 의료계의 반발, 그리고 양측 간 대화 부재에
있다. 정부는 노령 인구의 증가에 따른 의료 인력 부족에 대비한다
는 명목으로, 의대 정원을 한꺼번에 2,000명 증원하겠다는 정책을
일방적으로 밀어붙였다. 이 과정에서 정부는 의료계를 설득하지도
않고 행정 절차까지 무시하면서 강압적으로 정책을 추진했고, 증원
규모가 너무 크다는 비판이 나왔다.

　의료계는 의대 정원 증원의 필요성은 인정하면서도, 갑작스러
운 대규모 증원에는 반대했다. 전공의들은 집단 사직하고 의과대학
생들은 집단 휴학을 하면서, 이번 기회에 '전공의 수련 환경 개선'

을 요구하며 강경 대응으로 맞섰다. 정부도 2,000명 증원을 고수하면서 대화는 단절되었다. 정부가 의사 사회를 설득하지 않고 일방적으로 정책을 추진하고, 의료계는 증원 백지화를 주장하며 강경한 입장을 고수하는 등 양측 모두 원칙만을 내세워 협상과 타협이 이루어지지 않은 것이 의정 갈등의 장기화를 초래한 원인으로 지적된다.

이 과정에서 정부는 의사들을 '악마화'하고, 전공의들의 직업 선택 자유를 침해하는 불법·탈법적 조치까지 동원해 의료계의 반발을 키웠으며, 보건복지부가 제시한 '과학적 근거'가 허위로 드러나면서 갈등은 더욱 심화하였다. 결국 정부와 의료계가 서로의 원칙을 고수하며 상대를 압도하려는 힘겨루기 양상을 보였고, 국민 건강과 의료 현장의 안정은 위협받는 상황이 되었다. 급기야 윤석열 정부는 탄핵이라는 불명예를 안고 정권의 종말을 고하고 말았다.

의료개혁을 위해 정부와 의료계가 협력해야 할 주요 문제는 다음과 같다.

1) 필수의료 및 지역의료 강화

소아청소년과, 응급의료 등 필수의료 분야와 지방의료기관의 인력 부족, 의료서비스 질 저하가 심각하다. 정부와 의료계는 필수의료에 대한 공정한 보상체계 마련, 지역의료 인프라 강화, 의료 인력의 지방 배치 확대에 협력해야 한다.

2) 의료 인력 수급 및 교육체계 개선

의사 인력 부족 문제 해결을 위해 의대 정원 확대, 전공의 수련 환경 개선, 전문의 중심 병원 전환 등 의료 인력 양성과 배치에 대한 합리적인 대책을 함께 마련해야 한다. 단, 인력 증원만으로는 부족하며 의료 인력의 효율적 배치와 수급 불균형 해소가 중요하다.

3) 의료전달체계 및 병원 역할 재정립

1차, 2차, 3차 의료기관 간의 역할 분담과 협력 네트워크 구축이 필요하다. 특히 국립대병원과 민간 의료기관 간 협력과 경쟁의 균형을 맞추고, 지역의료시스템의 위기를 초래하는 구조적 문제를 해결해야 한다.

4) 진료비 제도 및 보험체계 개혁

저수가 문제, 비급여 과잉, 실손보험 구조 등의 문제를 개선하여 의료기관의 경영 부담을 줄이고, 필수의료의 수익성을 높이는 선순환 구조를 만들어야 한다. 이를 위해 정부와 의료계는 수가 현실화와 보험체계 개혁에 협력해야 한다.

5) 의료사고 대응 및 분쟁 해결체계 개선

의료사고에 대한 형사처벌 완화, 배상보험 의무화, 분쟁 조정 제도 개선 등을 통해 의료진과 환자 모두가 신뢰할 수 있는 의료사고 안전망을 구축해야 한다.

6) 과학적 근거에 기반한 정책 수립과 절차적 정당성 확보

의료개혁 정책은 의료 현장의 현실과 전문가 의견을 충분히 반영하여 실효성 있게 추진되어야 하며, 정부와 의료계는 투명한 소통과 협력을 통해 정책의 신뢰성을 높여야 한다.

대한전공의협의회는 전국 70여 개 수련병원 대표 명의의 성명서에서 다음 사항을 요구하였다.

1. 필수의료 정책 패키지와 의대 증원 2,000명 계획을 전면 백지화할 것
2. 과학적인 의사 수급 추계를 위한 기구를 설치하고 증원과 감원을 같이 논의할 것
3. 수련병원의 전문의 인력 채용을 확대할 것
4. 불가항력적 의료사고에 대한 법적 부담을 완화할 수 있는 구체적인 대책을 제시할 것
5. 주 80시간에 달하는 열악한 전공의 수련 환경을 개선할 것
6. 전공의를 겁박하는 부당한 명령을 전면 철회하고 정식으로 사과할 것
7. 국민의 기본권을 침해하는 「의료법」 제59조 업무개시명령을 전면 폐지하여 대한민국 헌법과 국제노동기구(ILO)의 강제 노동 금지 조항을 준수할 것

선진 의료 제도를 정착하기 위해 반드시 짚고 넘어가야 할 과제는 다음과 같다.

첫째, 의대 입학 정원의 증원 한도를 구체적으로 정한다.

개인적으로, 그리고 대한기초의학협의회 회장으로서 나는 의대 입학 정원을 증원하는 데 찬성한다. 정부가 제시한 1만~1만 5천 명 정도의 증원 규모는 적절한 수치라고 생각한다. 우리나라 의료의 특수성을 고려할 때, 특히 피부미용 의료에 대한 수요가 다른 나라에 비해 현저히 높다고 생각한다. 예를 들어, 국제학술대회에 참석해 보면 일본의 여성 과학자(의사)들은 얼굴에 점도 있고 자연미가 넘치는 데 반해, 우리나라 여성 과학자들은 대부분 백옥 같은 피부의 미인이다. 이는 피부과나 미용 클리닉에서 세심한 관리를 받은 결과일 것이다.

정부가 서울이 아닌 비수도권을 중심으로 증원을 추진한 것은 매우 훌륭한 발상이며 칭찬할 만한 정책이다. 다만 이 정책이 성공하려면 '일몰제 허가' 원칙이 분명히 명시되어야 한다. 즉, 각 의과대학이 신청한 만큼 증원을 허가하되, 십여 년 후 1만 5천 명 증원이 완료되면 2023학년도 수준으로 입학 정원(3,058명)을 환원한다는 조항을 포함해야 한다.

지역 대학에서 의과대학이 차지하는 위상과 중요성은 누구도 부인할 수 없다. 정부가 증원을 허용할 테니 필요한 인원수를 제출하라고 하자, 비수도권 대학 총장들은 현실을 무시하고 탐욕으로 가득한 숫자를 적어낼 수밖에 없었다. 그 결과 대학 본부와 의과대학 간 갈등이 드러났고, 한국의학교육평가원(이하 의평원)의 불인증 사태까지 초래하게 되었다.

의대 입학 정원을 증원해야 하는 또 다른 중요한 이유는 의사과학자를 양성해야 하기 때문이다. 의과대학의 1차 교육 목표는 훌륭한 의사를 양성하는 것이며, 교육과정도 이에 맞춰져 있다. 그러나 미래의 보건의료산업을 선도할 의사과학자 양성 역시 간과해서는 안 되는 핵심 과제다. 6년 동안 훌륭한 의사가 되기 위한 교육을 받다가, 졸업과 동시에 과학자의 길을 택하는 것은 마치 익숙한 직업을 내려놓고 완전히 새로운 직업으로 전직하는 것만큼 어려운 결정이다.

의사과학자를 양성하는 가장 좋은 방법은 '7년제 의학 학·석사 통합/연계 과정'을 마련하는 것이다. 정원 외 전형으로 매년 50~100명 내외를 선발하고, 전면 장학생으로 대우하며 석사 논문을 준비하는 동안 짧은 맛보기 연구 과정을 경험하게 연구 적성을 스스로 검증할 수 있는 기간을 주는 것이 좋겠다. 연구가 적성에 맞다면 수련의 과정을 마치고 박사 과정으로 진학하도록 지도하면 된다.

둘째, 수련 환경 개선은 시대적 요구다.

대전협이 요구하는 수련 환경 개선의 주요 골자는 주당 64시간 근무와 최대 연속 근무 시간을 최대 24시간으로 제한해 달라는 것이다. 상급종합병원 교수님들의 의견을 들어보면 자신들 세대는 수련할 동안 주당 120시간도 근무했는데, 근무 시간을 80시간도 아니고 64시간으로 줄여달라는 것은 도저히 받아들일 수 없다는 것이다. 이렇게 근무 시간이 짧아서는 수련이 제대로 될 수 없기에, 근무 시간을 줄인다면 수련 기간을 늘려야 한다는 것이다.

이 교수님들 세대는 후진국 시절에 태어났고, 당시 수련 시절의 전공의는 병원에서 궂은일을 도맡는 값싼 노동자로 대우받았다. 과거 세대가 그런 대우를 받았다고 해서, 우리 제자들도 같은 희생을 강요하는 것은 시대착오적인 발상 아닐까?

현행 「노동법」에 따르면 대한민국 국민의 법정 근로 시간은 주당 40시간이다. 지금의 MZ 세대는 선진국에서 태어나 가정에서는 왕자나 공주처럼 대우받으며 자란 세대다. 변화된 시대에 걸맞은 발상과 제도를 도입해 노동 생산성과 교육 효과를 높이는 것이 우리의 임무다.

전공의들은 미래 대한민국 의료를 짊어질 동량이라는 인식 아리, 존중하며 교육해야 한다. 이를 위해 국가가 급여를 지원하는 (책임)지도 전문의를 지정하여, 보다 효율적으로 수련의를 지도하는 선진국형 수련 제도를 정착시킬 필요가 있다.

지금 수련의와 의대생들이 '전공의 수련 환경 개선'을 요구하며 사직하고 휴학하는 투쟁의 모습은 한편으로는 불편하게 보일 수 있지만, 다른 한편으로는 희망의 불씨이기도 하다. 이번에 개선되지 않더라도, 이들이 사회의 주축이 될 20년 후에는 이상적인 '전공의 수련 환경'을 만들어 낼 것이다.

셋째, 의료사고 안전망 확충은 필수의료를 살리는 지름길이다.

아무리 주의를 기울여도 의료사고는 발생할 수 있다. 그 원인은 의사의 과실일 수도 있고, 질병의 특성 때문일 수도 있다. 고의가 아닌 의료사고에 대해 주치의를 형사처벌하는 것은 결국 필수의료를 포기하라는 것이나 다름없다. 국가와 의료계가 2:1 비율로 기금을 조성하고, 그 기금으로 의료사고 피해를 배상하는 제도 마련이 필요하다.

결론적으로, 지금의 의정 갈등이 오히려 선진 의료체계 구축의 촉매제가 되기를 기대한다. 합리적인 제도가 뒷받침된다면, 의료인들은 환자를 가족처럼 대하고, 병원은 환자를 섬길 수 있을 것이다. 의료계가 국민의 신뢰를 얻을 때, 의정 갈등도 마침내 해결될 수 있다.

이해 상충(conflict of interest)의 고지

글쓴이는 현재 대한기초의학협의회 회장, 의학교육협의회 위원, 대한의사협회 대의원, 대한민국의학한림원 부원장이며, 한국의학교육평가원 직전 이사였다. 또한 자녀 네 명 중 두 명은 의사 또는 의과대학생이다.

김 인 겸

- 경북의대 약리학
- 대한민국의학한림원 부원장
- 경북의대 교수 1995.05. ~ 2027.02.
- 대한기초의학협의회 회장 2023.05. ~ 2025.08.
- 한국의학교육평가원 이사 2022.03. ~ 2025.02.

의료계 갈등을
어떻게 봉합할 수 있을까

· 김율리 ·

2024년 2월 19일, 응급실 업무를 인계한 후 "죄송합니다, 교수님. 곧 돌아오겠습니다"라는 말을 남기고 떠났던 전공의들 중 일부가 2025년 6월 1일부터 복귀하였다.

아직 대다수 전공의의 자리는 비어 있지만 수련을 이어가기로 결심한 제자가 반가울 따름이다. 한편으로는 복귀에 이르기까지 그가 겪은 힘든 시간을 가늠하며 마음이 무거웠다.

2024년 2월, 정부의 의대 정원 증원 발표로 전국 수련병원의 전공의들은 사직서를 제출하고 수련 현장을 떠났고, 의과대학 재학생들은 동맹휴학에 돌입하며 교육 현장을 떠나는 사상 초유의 사태가 벌어졌다. 그 사이 의료계는 세 차례에 걸쳐 의협의 수장이 교체되었고, 국가는 계엄령 선포, 대통령 탄핵, 조기 대선을 거치며 대통령이 바뀌었다.

처음에는 정부와 의료계 간의 충돌로 시작된 사태였지만, 시간이 지나며 갈등은 점차 복잡해지고 있다. 의료서비스 수요자인 시민과 의료행위 주체인 의사 간의 기대 차이, 수험생 학부모와 의대생 학부모 간의 입장 차이, 진료보조 간호사와 의사 간의 업무 갈등, 응급구조대와 응급실 의료진 간의 상황 차이 등 의료계 외부의 다양한 사회 구성원들과의 갈등이 다각도로 드러나고 있다.

한편, 의료계 내부에서도 갈등의 간극이 커지고 있다. 수업에 복귀한 의대생과 복귀를 거부한 의대생 간의 대립, 복귀한 전공의와 미복귀 전공의 간의 긴장감, 교수와 의대생 및 병원 경영진과 전공의 간의 복귀 조건에 대한 입장 차, 비수도권 의대와 수도권 의대 간의 차등 증원에서 비롯되는 괴리, 개원가와 대형병원 간의 이해관계 차이 등 갈등이 심화되고 있다.

정부가 2026학년도 의대 모집 인원을 증원 이전 수준으로 되돌렸지만, 이렇게 드러난 이 갈등들이 저절로 해결될 것 같지는 않다.

정부와 의료계 간 갈등

정부와 의료계 간 갈등은 2024년 총선을 앞두고, 정부가 '의료개혁의 골든타임'을 강조하며 의대 정원 증원 정책을 추진하면서 촉

괄되었다. 이에 대해 의협이 반발했고, 연이어 전공의 사직, 의대생 휴학, 교수 사직서 제출 등으로 확산되었다.

2월 26일, 중앙재난안전대책본부는 미복귀 전공의에 대해 면허 정지 처분 및 경찰 수사 등 강경 대응 방침을 시사했다. 3월 3일, 의협은 전국의사 총궐기대회를 개최하고 "정부가 의사의 노력을 무시하고 탄압하려 든다면, 강력한 국민적 저항에 부딪힐 것"이라고 경고했다. 3월 11일, 정부는 전공의 4,944명에 대해 업무개시명령 위반을 이유로 면허 정지 등 행정처분 통보가 이루어졌고, 3월 중순부터는 일부 대형병원의 응급실 및 중환자실 운영 차질이 언론을 통해 대대적으로 보도되었다.

4월 4일, 총선 사전투표 하루 전 대통령과 대전협 비상대책위원장 간의 면담이 이루어졌지만, 상호 간 입장 차이만 재확인하는 데 그쳤다.

4월 초, 교육부는 의대 정원 증원 방침을 강행하겠다고 공식 발표했고, 이에 대해 의료계는 강력히 반발하며 추가 대응을 예고했다. 4월 10일, 총선이 치러졌고, 4월 24일에는 2025학년도 의대 입학 정원 증원이 확정되었다.

6월 18일, 의협은 총파업을 주도했고, 찬성률은 90%에 달했으나 실제 참여율은 전체 회원의 4%에 그쳤다. 6월 19일, 대법원은 의대 증원에 대한 효력 정지 가처분 신청을 기각했다. 7월 31일, 하반기 전공의 모집에서도 대다수 전공의들은 반응이 없었다.

9월 2일, 대통령실은 '응급실 뺑뺑이'로 인한 사망자 증가 주장에 대해 "근거 없는 주장"이라며 일축했고, 전국의과대학교수 비상대책위원회는 추석을 기점으로 응급 진료 비상사태 발생 위험에 대한 성명서를 발표했다.

10월 22일, 대한의학회와 한국의과대학·의학전문대학원협회(KAMC)는 여야 의정협의체 참여를 선언했고, 10월 29일에 교육부는 "의대생의 개인적 사유에 따른 휴학 신청은 대학 자율 판단에 맡겨 승인할 수 있도록 하겠다"며 KAMC의 의견을 수용했다.

11월 10일, 의협 회장이 전공의 및 의대생과의 불협화음을 빚으면서 의협 대의원회에서 탄핵안이 가결되었다. 11월 15일, 의대생 단체는 내년에도 대정부 요구안을 관철시키기 위한 투쟁을 이어가겠다고 천명했다. 12월 3일, 비상계엄이 선포되었다가 6시간 만에 해제되었다.

2025년 3월 6일, 전국 40개 대학 총장이 2026학년도 의대 정원을 증원 이전 규모로 동결하는 데 합의했고, 4월 16일 교육부는 2026학년도 의과대학 모집인원을 증원 전 규모로 복귀시켰다. 4월 17일, 전국의 의대생들 복귀율은 100%였으나 실제 수업 참여율은 평균 30% 전후였다. 5월 전공의 추가모집에서는 총 860명이 복귀하였고, 이로 인해 6월부터 수련을 받게 되는 전공의는 총 2,532명이 되었다. 복귀한 전공의는 의료 사태 이전인 지난해 전공의 수 13,531명 대비 약 18.7% 수준으로, 전체의 약 5분의 1에 해당한다.

의정 사태 초기부터 보건복지부는 의사들의 행동을 지나치게 부정적으로 묘사했고, 주류 언론은 의사에 대한 비판적인 여론을 형성했다. 의사들에 대한 대중의 부정적인 인식은 의료계, 특히 의대생과 전공의들에게 억울함과 분노를 유발하고 사명감을 잃게 하는 데 일조했다.

집단 구성원의 감정은 같은 어려움을 겪는 집단 내 다른 구성원의 감정에 영향을 받는다. 이는 '정서 전염'이라 하여, 타 구성원이 표현하는 감정을 보면서 자신도 유사한 감정을 느끼게 되는 현상이다. 부정적이면서 고양된 감정일수록 각 집단 내에서 더 쉽게 전파된다. 상대에 대한 부정적인 태도가 커질수록 갈등 해결은 더 어려워진다. 정부와 의료계가 서로를 싫어할수록 상대를 피하려 할 것이다. 반면, 상대를 덜 위협적으로 보고 신뢰할수록 상대의 의견에 더 수용적인 태도를 보이게 된다.

한편, 정서 비교는 집단의 다른 구성원들이 표현하는 감정을 보며 자신이 그 상황에서 어떻게 반응해야 할지를 판단하는 단서로 삼는 과정이다. 특히 리더의 감정은 구성원들의 감정 반응에 큰 영향을 미친다. 대통령, 의협 회장, 전공의 대표 등의 감정 표현은 각각 소속 집단의 정서 형성에 영향을 주며, 집단 내에서는 더 과격하게 감정을 표현하는 구성원에게 감정적으로 끌리기 쉽다.

예를 들면, 리더가 강하고 부정적으로 반응하면 집단의 구성원들은 비슷한 감정을 경험하고 논쟁적인 해석을 하게 된다. 따라서 상대에 대한 위협을 낮추고 상호 긍정적인 감정을 경험할 기회를 제공하는 것이, 상대와의 정보 교환과 상대의 시각을 통합한 갈등 해결을 가능하게 한다. 정부와 시민단체, 그리고 의료계는 문제 해결을 위해 상대를 위협적으로, 또는 괴물로 묘사해서는 안 된다.

또한 리더가 상호 적대감을 부각한다면 갈등 해결은 더 어려워진다. 각 직역의 대표들은 긍정적이고 통합적으로 상황을 지각하고, 이를 구성원들에게 전달해 구성원들의 상황 인식을 도와야 한다.

의료계 내부의 갈등

지금까지 의정 사태 동안 우리는 각자 직역 단체에 소속되어 대표자를 통해 의사를 표출하느라, 곁의 동료가 어떻게 느끼고 있는지에 대해서는 둔감했다. 같은 집단에 속해 있더라도 사안을 마주할 때 반응하는 감정과 생각의 흐름은 개인마다 다르다. 동료의 마음을 이해해야, 내 직역의 구성원 각자가 이 사태를 인식하는 데 차이가 있음을 깨달을 수 있다.

의대생 개인은 이 상황을 어떻게 이해하고 있는지, 전공의 개인은 지금 상황에서 무엇을 느끼는지, 교수 각각은 어떻게 생각하고 있는지는 개인마다 다르다. 이러한 다름을 인식해야 서로 간 정보의 간극을 줄일 수 있다. 그동안 의료계는 개인의 다름을 간과하고, 집단 구성원들을 전체로 간주한 것은 아닐까? 각 직역의 대표들은 같은 직역에 소속된 구성원들의 의견이 모두 자신과 같아야 한다고, 혹은 같을 것이라고 간주하지 않았는지 묻고 싶다.

의정 사태 동안 의협은 의료계의 대표로 나섰고 직역의 대표들

　제1부 갈등을 넘어 미래로: 지속 가능한 의료개혁 제언

은 단체의 입장을 대변했지만, 직역 내에서 개인의 의견을 표현할 수 있는 기회는 극히 드물었다. 특히 전공의와 의대생들은 사직과 휴학 후, 구성원 간의 소통을 SNS에 의존했다. 서로 만나지 않고, 정보 공유가 제한되며, 생각과 감정을 나누지 못한 상황은 집단 내부 갈등의 궤적을 만들어 나가게 했다. SNS 단체 대화방은 하향식 정보 전달에는 효과적이지만 수평적 혹은 상향식 소통에서는 활용성이 극히 제한된다. 단체 대화방에서는 내 동료가 무엇을 생각하고 어떻게 느끼는지 알기 어렵다. 특히 정보 공유 과정에서는 자기 노출이 긍정적인 상호관계 형성과 동료에 대한 태도에 영향을 미친다. 의사소통에서 상호적인 자기 노출은 구성원 간 친밀감을 형성하는 데 필수적인 요소다. 이러한 자기 노출이 제한되는 SNS 중심의 소통이 이어질 경우, 내부 갈등은 더욱 부정적인 방향으로 전개될 수 있다.

사직서 제출, 파업, 복귀 등의 행동에 참여하는 것은 개인마다 현 상황을 인식하는 방식과 각자가 가진 감정에 따라 달라진다. 개인의 상황 인식은 성격, 축적된 경험, 본인의 배경, 사회적 가치관에 따라 달라진다. 자신이 속한 집단을 얼마나 신뢰할 수 있는지, 얼마나 통일되게 행동할 것인가 하는 신뢰와 단합은 개인이 갈등을 인식하는 것에 영향을 받는다. 집단에 대한 신뢰와 단합은 구성원이 느끼는 감정에 따라 달라지며, 특히 부정적인 감정이 강하거나 위협을 크게 느낄수록 참여는 줄어드는 경향이 있다. 내부 갈등을 해결하기 위해서는 각 직역에 속한 개인의 정신심리적 경험을 직역 수준에서 이해하려는 노력이 필요하다.

의료계 내부의 첨예한 갈등을 어떻게 해결할 수 있을까?

그렇다면 의료계 내부의 불거진 갈등의 간극은 어떻게 좁혀갈 수 있을까? 집단 내부 갈등을 해결하기 위해서는 동료의 관심을 취합하고, 절충점을 찾는 타협 과정이 필요하다. 이를 위해서는 먼저 구성원들이 현 사태를 어떻게 느끼고 경험하고 있는지를 알아야 한다. 구성원들은 자신이 알고 있는 정보를 서로 공유함으로써 집단 전체의 인식을 확장할 수 있어야 하며, 그 과정에서 의사소통의 오류와 혼선을 피해야 한다. 동료와의 상호 정보 교환을 통해 동료의 관점을 취합하여 나의 관점을 통합시켜 나가게 된다.

각 직역 단체는 집단 내 개인의 태도와 인지가 직역의 상태에 영향을 미친다는 점을 인식해야 한다. 개인의 다름을 간과하는 오류를 범하지 않아야 하며, 구성원 개인의 감정을 간과해 직역 내 갈등이 심화되는 것을 막아야 한다. 구성원 각자가 현 상황을 둘러싼 정보에 대한 이해가 부족하고, 직역에 대한 신뢰가 낮을 경우 분노나 불안 같은 부정적인 감정을 낳게 되고, 이는 위협으로 느껴지며 방어적으로 변하게 된다. 구성원들이 덜 방어적으로 되어야 갈등 해결에 더 협조적일 수 있고, 갈등의 격화를 막을 수 있다.

전공의들과 의대생들은 각 소속 집단 내에서 개인의 내적 고민

 제1부 갈등을 넘어 미래로: 지속 가능한 의료개혁 제언

을 공유하고, 상호적인 태도로 정보와 지식을 교환할 필요가 있다. 갈등 상황에서는 정보 교환과 습득이 타인의 입장과 의도를 이해하는 데 도움이 되며, 개인의 협력 동기를 높인다. 정보를 더 많이 교환하고 이해하고 통합할수록, 집단 내 다른 구성원에 대해 더 긍정적으로 느끼게 된다. 개인 수준에서 대인관계적 태도와 정보가 증폭되면, 이는 집단 수준에서도 영향을 미친다. 즉, 개인 수준의 정보의 증폭이 집단 수준에서 인지적 통합을 가능하게 한다.

휴학 중이거나 사직 중인 전공의와 의대생들이 각자가 겪은 감정, 위협감, 좌절, 오해 등을 집단 내에서 직접적으로 소통하는 과정이 필요하다. 이때 반대 의견은 가능한 한 순화된 방식으로 표현해 위협을 낮추고, 보다 긍정적이며 덜 부정적인 감정으로 협력적인 행동을 이끌어내야 한다.

각 직역에서는 구성원들이 현 상황을 인식할 수 있도록 보다 구조적인 지원을 강화해야 한다. 각 직역의 지도부는 구성원들이 더 많은 정보를 공유하고 습득할 수 있도록 돕고, 그 정보를 인식하고 적응하는 데 충분한 시간을 들일 수 있도록 해야 한다. 또한 직역 내 구성원이 타 구성원의 감정을 이해할 수 있도록 해야 한다. 각 개인은 자신이 상처받은 감정에만 집중할 것이 아니라 '왜 저 사람은 저렇게 분노를 표현할까'를 이해하려는 데 더 초점을 두어야 한다. 동료의 관심을 헤아리고, 구성원들의 다양한 관점을 수렴해 문제 해결을 시도함으로써 갈등을 줄이려고 해야 한다. 이를 통해 협력적인 갈등 대응을 유도하고, 긍정적인 팀 결과를 이끌어낼 수 있다.

의대생과 전공의 대다수가 각자 뿔뿔이 흩어져 있는 안타까운 상황에서, 의협 집행부와 각 직역별 수장, 의과대학 등에서는 갈등 해결에 도움을 줄 수 있는 '도움집'을 전공의와 의대생들에게 제공하는 것이 큰 도움이 될 수 있다. 각 집행부는 갈등 소통의 방법을 순화하여 갈등을 표현할 수 있도록, 절제된 토론의 장을 만들어야 할 것이다.

특히 전공의와 의대생 내부의 오해는 구성원들이 서로의 관점 차이를 공유하고 이를 통합해가는 과정을 통해 줄여나가야 한다. 개인 간의 차이를 인정하는 것이 오해를 풀기 위한 첫걸음이며, 이를 위해 활발한 내부 토론이 필요하다.

한편, '의정 사태'라는 우리나라 의학계의 큰 위기 상황에서, 경험이 풍부한 한림원의 상황 인식 공유는 의료계 구성원들에게 의미 있는 영향을 미친다. 한림원은 의료계 구성원들에게 현 갈등을 해결할 수 있는 균형 있고 전향적인 인식을 확산시켜 갈 의미가 있다.

마무리

의정 사태의 해결을 위해서는 정부와 의료계가 상대에 대한 위협을 낮추고, 상호 긍정적인 감정을 경험할 수 있는 기회를 제공함으로써 갈등 해소를 위한 분위기를 조성할 필요가 있다. 의료계 내부의 심화된 갈등을 완화하기 위해서는 지금까지 간과해 온 구성원

개인의 감정과 의사에 귀를 기울여야 하며, 각 직역에서는 구성원
들이 현 상황을 보다 정확히 인식하고 이해할 수 있도록 구조적으
로 도와야 할 것이다.

김 율 리

- 인제의대 정신건강의학
- 대한민국의학한림원 6분회
- 세계정신의학회 성격장애분과 의장 2024.09. ~ 현재
- 국제섭식장애학회 종신펠로우 2016 ~ 현재

지역의료 격차 해소를 위한
지역의료 인재 파이프라인 정책의 중요성

· 이종구 ·

지난해 2월 말부터 지속된 정부의 의료 인력 확충에 대한 정책의 불합리성을 지적하며 시작된 전공의, 학생들의 집단적 의사 표시는 새 정부의 출범과 함께 이제 더 이상 지속할 의미가 없어졌다. 이를 계기로, 그동안 누적되어 온 보건 문제가 다양한 측면에서 한꺼번에 표출되어 부각되었다. 그러나 일시에 모든 문제가 다 해결되리라 어느 누구도 생각하지 않고 있으며 될 수도 없겠지만, 동시대를 살아가는 의료인으로서 적어도 지역 격차 해소 방안에 대해 고민하고 개선 방안은 무엇인지, 특히 의사 인력 양성에 관한 정부 정책을 되짚어 볼 필요가 있다.

1979년부터 「국민의료보건을 위한 특별조치법(1980년에 「농어촌 등

보건의료를 위한 특별조치법」으로 대치됨)」에 따라, 우리나라 취약 지역과 농어촌 지역에 공중보건의사가 배치되어 일차의료를 담당하였다. 병원이 없는 취약 지역에는 병원과 병상 확충을 위한 투자가 확대되었고, 의료시설의 효율적 이용을 위한 의료전달체계가 마련되었으며, 1989년에는 전국민을 대상으로 한 건강보험체계가 도입되어 보건의료 자원의 균점과 형평성을 위한 기본 틀이 갖추어졌다. 또한 취약지역의 의사 인력 배치를 명분 등으로 10개 의과대학이 신설되기도 했다. 그럼에도 불구하고 지역 간 의료 격차는 해소되지 않았으며, 의사 인력의 도시 집중 현상은 지속되었다.

정부가 교육 정책 분야에서 그 대안을 마련하고자 한 연구가 2013년경부터 시도되었다. 당시 언론 등에서는 취약 지역의 의사 부족 문제가 지적되었고, 10년이 지나면 병역의무를 대신해 이들 취약지 의료기관에 근무할 공중보건의사의 자원이 출생률의 저하, 학생 중 군필자의 증가, 입학생 중 여성 비율의 지속적 증가 등으로 줄어들면서 취약 지역의 의사 부족과 지역의료 격차가 더 심각해질 것으로 예측되었다. 이에 따라 공중보건의사를 대치하여 취약 지역의 의료 공백을 메울 지역의료 인력을 양성해야 한다는 새로운 전략이 대두되었다.

특히 대통령 자문기구인 지역발전위원회가 주요 역할을 수행하였다. 연구 진행 과정에서 의협의 자문도 요청되었다. 의협은 정원 외 증원에는 부정적 입장이었으나, 정원 내 조정에 대해서는 부정적이지 않았던 것으로 파악된다. 국립의과대학교·의학전문대학원장 회의도 한 바 있었으나, 특별한 의견 표명은 없었다. 국회의 주도로 국회의원, 의협, 복지부 고위직이 참여한 회의도 한 바 있었다.

2014년 제정된 「지방대학 및 지역균형인재 육성에 관한 법률(약칭: 지방대육성법)」 제15조는 특별전형을 통해 인재를 선발하도록 규정함으로써, 지역의료 불균형 해소를 위한 강력한 법적 기반이 마련되었다. 2015년에는 동 조항의 시행령이 제정되었고 별표 서식에 따라 학생 최소 입학 비율을 의과대학의 경우 30%(강원·제주권 15%), 의학전문대학원의 경우 20%(강원·제주권 10%)로 정하여 지역 인재를 선발하도록 권장하였다.

2015년 지역인재 선발 비율을 보면 대부분의 대학이 최소 비율을 초과하였으며, 특히 의학계열 학과의 경우 32개 대학에서 396명을 정원 내에서 지역인재 전형으로 선발한 것으로 조사되었다. 또한 교육부는 「지방대학육성법」의 지속적인 시행을 통해 지역인재의 '입학→채용→지역 정주'의 '선순환 구조' 구축을 위한 기본계획 수립과 육성지원협의회 구성을 차질 없이 추진하겠다고 밝혔다. 이러한 정책 기본 방향은 의료 격차 해소의 중요한 대안으로 여겨졌으나, 이에 걸맞은 지역의료 인재 양성 교육 방안은 제대로 마련되지 못했다.

즉, 선순환 구조가 성공적으로 작동하기 위해서는 이미 여러 나라에서 채택하고 있는 '파이프라인 접근법(Pipeline Approach)'이 중요하다고 생각되었다. 이 접근법은 ① 관심 학생군의 조기 유치(early recruitment), ② 입학, ③ 지역 기반의 임상 실습, ④ 지역 건강 문제를 중심으로 한 교육과정, ⑤ 지역 근무에 대한 지원 등으로 구성되는 일련의 과정을 구현하는 것이 있다.

성공적인 지역의료 인력 양성을 위해 관심 학생군의 조기 유치와 지역의료에 대한 이해도 및 적합성을 보이는 학생들의 입학이 강조되었다. 지역의료 기반 임상수련(residency)은 일차의료/가정의학과 지역사회의학에 대한 지역 기반 임상 실습의 조기 노출만큼이나 지역의료 인력 양성에 있어 중요하다고 인지되었다. 교육과정은 지역사회와의 연계를 기반으로, 지역에 대한 지식과 이해를 넓히고 지역에서의 경험 학습 기회를 제공할 수 있어야 함이 강조되었다. 단순히 지역의료에 적합한 인력을 양성하는 데 그치는 것이 아니라, 다양한 지역에서 성공적으로 의료서비스를 제공할 수 있는 역량을 갖춘 의료 인력을 배출하는 것을 목표로 해야 한다. 또한 효과적인 지역의료 인력 양성 및 유지를 위해서는 관련 교육 정책과 다른 교육 정책 및 보건의료 정책과의 연계성이 강조되었다. 즉, 면허 취득 이후의 근무지 선정 문제와 양성된 인력에 대한 지속적인 관리 및 지원이 요구되는 등 파이프라인 접근법은 매우 중요한 전략임이 확인되었다.

지역의료 인재 확보를 위한 파이프라인 접근은 의학교육의 개편 없이는 현 교육체계로 길러내기 어렵다. 또한 은퇴 의사 활용과 같은 다른 대안들 역시 기본 역량이 충분히 개발되지 못한 상황에서 지역의료의 지도자로서 지난 10년간 과연 제대로 작동했는지, 나아가 앞으로 10년 후에도 잘 작동할 수 있을지에 대한 검토가 필요하다.

　그러나 지역의사 양성을 위한 교육과정이 마주한 현실은 여전히 이론이나 정부 정책과 큰 괴리가 있었다. 우리보다 앞서 교육 정책을 개발한 미국, 호주, 일본, 유럽 등에서는 지역의료 역량으로 거론되는 내용은 ① 의료서비스 및 임상 관리 전반에 대한 이해, ② 일차의료 역량, ③ 지역의료에 대한 지식과 경험, ④ 자기주도학습, ⑤ 공중보건/공공의료, ⑥ 전문가 정신, ⑦ 의사 소통, ⑧ 연구 능력, ⑨ 타 전문가들과 협업, ⑩ 의료 윤리 등으로 조사된 바 있었다.

　2015년 국내 41개 의대·의전원 중 38개를 대상으로 위의 10개 역량 중 졸업 역량에 지역사회 또는 공공의료와 관련된 요소가 포함되어 있는지를 조사한 결과, '일차의료'를 졸업 역량에 명시한 의과대학은 5개, '지역사회'를 포함하고 있는 대학은 11개에 불과해 지역의료 역량을 가르칠 만한 준비가 미흡함을 알 수 있었다.

　또한 지역의료 교수 학습에 있어서 교수진은 포괄적인 양질의 지역의료서비스, 사회 정의, 사회적 책무성에 대한 가치를 갖추고 있어야 하고, 학습은 지리적·발전적 관점의 지역성(rurality) 가치에 기반할 때 교육적 효용을 가질 수 있다. 그러나 실제 이러한 지역의료 인력 양성을 위한 교육과정은 거리가 있었다. 능동 학습(active learning), 진정성 학습(authentic learning), 비판적 교육(critical pedagogy), 지역사회와의 참여(community engagement), 장소 기반 비판적 교육(critical pedagogy of place) 등 교육 이론에 근거하여 현 교과과정을 개편해 지역의료 인재 양성 교과과정으로 조정하는 것은 매우 어려운 현실이

었다. 즉 지역의료를 가르칠 교수 요원, 학생을 담당할 학과, 교과과
정 등에 대해 어느 대학도 제대로 준비가 되어 있지 않았다.

이러한 문제점 해결을 위한 일련의 연구 사업 내용이 정부의 뜻
과 반드시 일치하지는 않았으나 합리적인 수준에서 예산과 인력,
법과 제도의 정비가 필요하다는 점이 지적되었다. 만들어진 안의
집행 여부와 방법은 정부의 몫이었고, 절차적 공정성 확보 역시 정
책을 추진하는 정부의 역할이었다.

우선 의료 취약 지역 및 공공의료 분야의 의사 인력 양성을 위
해서는 적합한 지역의료 인재상 개발이 필요했다. 이러한 인재상에
맞는 학생을 선발하기 위한 다면 평가 등의 선발 방식에 대한 논의
가 필요했으며, 이들을 입학시킨 뒤에는 특례입학 전형이라는 이유
로 차별받지 않고 정규·비정규 교과과정을 이수할 수 있도록 지도
와 수업 방법을 마련해야 했다. 지역 현장의 문제와 맥락을 이해시
키고 새로운 교과과정을 효과적으로 교육하기 위해서는 대학과 지
역의료 캠퍼스 운영, 장학제도 등 새로운 교육체계와 지원체계가
필요했다.

또한 졸업과 의사면허 취득 후의 배치 기관과 정부의 활용 방안,
의무 복무 및 지속 근무 촉진하기 위한 전문의 수련 과정 지도와 경
력 개발 상담 등 졸업 후의 관리 방안 개발도 반드시 필요했다. 구
체적인 학생 선발과 배치 규모, 교육 커리큘럼, 교육기관 설립, 비
용-편익 분석, 관련 법령 정비 등 기반 정책에 대한 안들이 개발되
었으며, 취약 지역 의료 인력에 대한 기본 개념들도 재정리된 바 있

었다.

이러한 제도를 도입함에 있어 필요한 의사 수의 산정, 의료체계에 미치는 영향, 국민의 수용성, 배출 시기 등 논쟁 여지가 많은 부분도 정리한 바 있다. 즉, 지역 간 의료 인력의 불균형 분포와 격차를 해소하기 위한 방안으로 의과대학의 특례입학 전형과 그에 따른 의무 복무 제도가 제시된 바 있다. 이러한 조치는 존 롤스(J. Rawls)의 정의론에 비추어, 기본적 재화의 공정한 분배라는 측면에서 우리 사회가 받아들일 수 있는 조치인지에 대해 논란이 있을 수 있으나 법령도 만들어져 있고 다른 나라의 사례로 보아 받아들일 수 있는 수준으로 보였다. 현재 저출산으로 인해 병역 제도의 특례인 공중보건의사 제도의 지속 가능성은 낮아지고 있는데, 특례입학 제도는 공중보건의 제도를 대치하는 대안으로 충분할 것으로 보인다. 또한 이를 뒷받침할 새로운 교과과정을 갖춘 대학의 필요성도 제기된다.

예를 들어 특례입학 제도의 규모를 현 공중보건의 배치를 감안해 연간 150명 내외로 산정하고, 장학 제도와 연계한 뒤 6~10년 후에 취약 지역 공공병원과 보건소 등 일차의료기관에 순환 배치하며, 약 10년간의 의무 복무 후 해제를 조건으로 한다면 파이프라인 정책의 구체적 방안으로 가능할 것으로 판단되었고, 정원 외 입학 역시 전체 의료계에 미치는 영향은 크지 않아 보였다. 그럼에도 불구하고 의료계가 과민하게 반응했던 이유는 과거 의약분업 당시의 학습 효과와 정부와의 신뢰 관계, 즉 숙의 절차와 절차적 공정함의 문제로 보인다.

　미국의 경우를 보면, AAMC(미국의과대학협회)는 10여 년 전부터 의사 부족 문제를 지적하며 정원 증원의 필요성을 제기해 왔다. 실제로 일부 증원이 이루어졌으나 필수의료 및 일차의료 의사는 여전히 부족하고, 지역 간 편차도 해소되지 않았다. 그 이유는 전문의 정원 제한, 의사 간 소득 격차, 연방정부의 지원 부족 등에 기인하며, 이는 단순한 증원만으로는 취약 지역의 필수의료 부족 문제를 해결하기 어렵다는 점을 시사한다.

　반면, 일본의 경우 수련 제도 도입 이후 의료 인력이 도시 지역 병원으로 몰리면서 취약 지역의 의료 인력 부족 문제가 발생하자, 2008년 이를 해결하기 위해 '지역의료틀제도'를 도입하여 2017년까지 10년간 운영하기로 하였다. 그러나 이 제도는 취약 지역 의료 인력 해소에 효과가 있다는 평가를 받아 현재까지도 연장 운영되고 있으며, 전체 배출 의사의 16~17%가 이 제도를 통해 배출되는 것으로 알려져 있다.

　두 번의 정책 실패 경험에서 우리는 무엇을 얻어야 하는가? 특례입학의 규모와 교육 커리큘럼 개발 등 당초 연구 결과와 괴리가 있었다. 의과대학생들에게 필수의료, 일차의료 등 지역 의사를 선택하도록 지도하기 더 어려워졌고, 지역의료 인력 분포 개선을 위한 정책 환경은 더 어려운 상황으로 변화되었다.

　앞서 던졌던 질문을 다시 되새기고자 한다. '지역의료 인재 확보를 위한 파이프라인 접근이 필요없다'는 주장과 함께 제시된 대안들은 지난 10년간 과연 제대로 작동했는가? 또 앞으로 10년 후에도 잘 작동할 수 있을까?

대학도 변화하는 지역사회와 호흡하고 참여하며, 지역의료 인재를 키워내기 위한 기본 의학교육, 수련교육, 평생교육의 시스템을 변화시키고 정비하려는 노력이 필요한데, 과연 그러한 변화가 이루어지고 있는가? 자원 배분의 주도권을 가진 정부도 이에 걸맞게 교육과 수련 비용에 대한 지원과 성과 평가체계를 개편해야 할 것으로 보이는데, 그것이 과연 가능할까? 지역 소멸, 저출산과 고령화 사회, IT 기술의 발전으로 인한 국민들의 의료 요구의 변화 속에서 의료 인력 양성 교육과 경력 개발 간의 불일치가 점점 커지는 상황에서 과연 수가 정책만으로 보건의료시스템이 선순환적으로 작동할 수 있을까? 우리나라 보건의료시스템의 거버넌스, 자원, 재정, 그리고 보건의료전달체계가 지향하는 목표와 가치는 과연 공정하고 정의로운 사회를 위한 의료인 양성에 얼마나 기여하고 있는가?

이러한 우려들은 결국 우리가 유한한 자원의 분배를 둘러싼 절차적 공정성과 정의에 대한 논의를 제대로 하지 못한 현실에서 비롯된 것이라는 생각을 떨칠 수 없다. 그 근본적인 이유는 정부와 정치의 리더십과 집행력에 대한 회의감, 그리고 의학교육과 의료계 내부에 뿌리 깊게 자리한 자기중심적 사고와 독립적 문화에 있는 것은 아닐까 한다.

이종구

- 국립암센터 이사장
- 대한민국의학한림원 부원장
- 서울대학교 의과대학 교수 2012.03. ~ 2022.02.
- 질병관리본부장 2007.04. ~ 2011.05.

의대 증원과 함께
해결되어야 할 문제점은?

• 정명호 •

저는 지난 40년 동안 필수의료인 순환기내과, 특히 막힌 심장혈관으로 발생하는 협심증 혹은 심근경색증을 심장혈관 중재술을 시술하여 치료하는 분야를 전공한 후, 2024년 2월에 정년 퇴임하고 현재는 광주보훈병원에서 근무하고 있습니다.

1987년, 내과 전문의를 취득한 후 전남대학교병원에서 무급 전임의로 근무하게 되었습니다. 그 당시는 내과 전문의만 취득하면 풍요로운 생활을 영위할 수 있었지만, 저는 대학병원에서 무급으로 근무하면서 심장혈관 중재술을 시작하였습니다.

그 후 지난 37년 동안 수많은 협심증 혹은 심근경색증 환자들을 심장중재술로 치료해 드리면서, 30년 동안 휴가 한 번 가지 못하고 시간적·경제적으로 힘든 세월을 보냈습니다. 하지만 의사로서 위급한 환자들을 도울 수 있다는 보람으로 힘든 세월을 견뎌낼 수 있었습니다.

아울러, 심장병 환자들의 효과적인 치료를 위해 미국 메이요 클리닉 연수를 다녀와서 1996년부터 밤이나 주말에는 돼지 심장 실험을 하며 새로운 치료법 연구에 매진해 왔고, 현재까지 총 3,818마리의 세계 최다 돼지 심장 실험을 진행하여 새로운 심장병 치료법을 개발·연구하였습니다. 또한 2005년부터는 한국인 급성 심근경색증 등록 연구(Korea Acute Myocardial Infarction Registry, KAMIR)를 시작해 현재까지 464편의 논문을 발표하였고, 심근경색증 분야에서는 세계에서 가장 많은 논문을 발표하였습니다.

하지만 최근 정부와 의협, 그리고 의과대학 간의 의대 정원에 대한 의견 차이로 갈등이 심화되면서 의대생과 전공의들이 학교와 병원을 떠나고 교수들이 사직을 하는 현실을 바라보며, 지난 40년간 필수의료를 위해 지내왔던 저는 무척 허탈한 마음뿐입니다. 하루빨리 정부, 의협, 의과대학 간의 진정성 있는 대화를 통해 의대생과 전공의들이 대학과 병원으로 복귀하고, 의대 교수들이 환자를 위해 치료하고 연구하며 봉사할 수 있는 날이 오기를 간절히 바랍니다.

다음은 제가 생각하는 의대 증원 문제를 합리적으로 해결할 수 있는 다섯 가지 방안입니다.

첫째, 필수의료를 활성화해야 합니다.

저는 무급 전임의를 하면서도 심장중재술을 시행하며 환자들을 도와드릴 수 있다는 보람으로 자부심을 갖고 일해 왔습니다. 주말이나 휴일에도 근무하고 환자분들의 상태가 급격히 악화되었을 때도 많았지만 정신적·육체적으로 힘든 시절을 견뎌냈습니다.

하지만 최근에는 시대가 바뀌어, 젊은 의사들이 심장혈관중재술을 기피하고 필수의료 분야를 떠나고 있습니다. 가장 큰 이유는 두 가지입니다. 하나는 심장혈관중재술 수가가 선진국에 비해 10분의 1 수준으로 성형수술보다 수익이 적다는 점이고, 다른 하나는 의료 분쟁이 발생할 수 있는 사법적 리스크는 선진국에 비해 50배 정도라는 점입니다. 따라서 필수의료 분야를 활성화하려면 의료 수가와 당직비에 대한 개선이 필요하며, 의료 분쟁 발생 시 적절히 대응할 수 있는 제도적 보완이 마련되어야 합니다.

둘째, 연구하는 의사를 양성해야 합니다.

현재 의과대학 졸업생 3,000명 중 기초의학인 해부학, 생리학, 병리학, 생화학, 미생물학 등을 전공하는 학생은 거의 없는 실정입니다. 모두가 임상 분야를 선택하고, 그중 일부가 대학에 남아 임상교수가 되더라도 기초 및 중개연구를 하는 임상의사는 거의 없습니다. 기초의학을 전공하는 의사와 연구하는 임상의사를 육성하지 않으면 의대 증원을 추진할 수 없고, 우리나라 의학의 발전 역시 기대하기 어렵습니다. 따라서 연구하는 의사, 특히 기초의학자를 양성하기 위해 국가 차원의 특별한 배려와 지원이 필요합니다.

셋째, 국립병원에 대한 전폭적인 지원이 필요합니다.

현재 우리나라 보건복지 예산의 80% 이상이 복지 예산이며, 보건 예산은 20%에 불과합니다. 보건 예산을 대폭 증액하여 국립대학병원과 보훈병원 같은 국립병원의 시설에 투자하고, 우수한 의료진을 확보해야 합니다. 국립대학병원의 시설은 최소한 대기업이 운영하는 사립병원보다 우수해야 하며, 국립의대에는 장학금 혜택을 확대하여 우수한 학생들을 선발하고, 이들이 국립대학병원에서 근무하며 국민을 위한 진료와 봉사를 할 수 있도록 해야 합니다.

넷째, 국토의 균형 발전이 이루어져야 합니다.

현재 우리나라는 정치, 경제, 사회, 문화 인프라가 모두 서울에 집중되어 있고, 지방은 갈수록 황폐해지고 있습니다. 공공기관과 대기업의 지방 이전이 이루어지고, 지역 일자리 창출과 우수 학교 설립, 지역 간 격차 해소가 이루어져야 의사들이 지방 병원에서 근무할 수 있을 것입니다.

다섯째, 의대 정원 2,000명 증원은 단계적으로, 오랜 시간에 걸쳐 준비하여 시행되어야 합니다.

일본도 우리나라와 유사한 의료 문제를 해결하기 위해 지난 10년 동안 의사 수를 20% 늘려 9,000명이 되었다고 합니다. 일본의 인구가 1억 2천만 명이고 의사 수가 9,000명이라면, 우리나라 인구 5천만 명을 기준으로 할 때 적정 의사 수는 약 3,750명입니다. 우리도 의대 정원을 2,000명 늘릴 계획이라면 일본처럼 의료 현황을 면밀히 파악하고 점진적으로, 적절한 수준에서 증원을 추진하는 것이 바람직합니다. 특히 일본처럼 의사협회와 충분히 대화하며, 적정 인력을 단계적으로 증원하고, 이에 필요한 예산을 충분히 확보해 나가면서 추진해야 할 것입니다.

우리나라는 전 국민에게 의료 혜택을 제공하는 우수한 의료복지 제도를 갖춘, 전 세계적으로도 보기 드문 모범적인 국가입니다. 지난 40년간 국립대학병원에서 필수의료의 최전선에서 교수로서 근무하고 정년 퇴임을 한 국립병원인 보훈병원에서 일하고 있는 의사로서, 현재 의대 정원 증원 문제에 대한 의견을 정리해 보았습니다. 빠른 시일 내에 의료 현안이 해결되어, 의사들이 국민을 위해 봉사하고 의학 연구에도 힘쓸 수 있는 날이 오기를 진심으로 기원합니다.

정 명 호

- 전남의대 명예교수 내과학/순환기
- 대한민국의학한림원 3분회
- 광주보훈병원 순환기내과 부장 2024 ~ **현재**
- 국립심혈관센터 추진위원 및 위원장 2020 ~ **현재**
- 한국중재의료기학회 이사장 및 회장 2019 ~ **현재**

의정 갈등,
의학교육 현장에 남겨진 과제

• 편성범 •

2024년 2월, 대부분의 의과대학생들이 교정을 떠난 지 어느덧 세 번째 학기가 지나고 있다. 그 결과, 2025년 의사 국가시험에는 전국에서 단 382명만이 응시했고, 이 중 70.4%에 해당하는 269명만이 의사로 배출되었다. 지금도 다수의 의과대학은 극히 소수의 인원으로 학사 운영을 이어가야 하는 비정상적인 상황이 계속되고 있으며, 수업에 참여하지 않은 많은 학생들에 대해 유급, 학사경고, 제적 등의 조치를 확정해야 하는 상황이다.

의과대학의 지난 1년여를 돌아보면, 의학교육 현장은 우리 사회의 갈등 구조가 고스란히 투영된 공간이었다. 많은 전문가들은 향후 10년 이상 의학교육의 혼란과 퇴보가 불가피할 것으로 전망하고 있다. 또한 지난 해에 이어 올해도 이어지는 의사 배출의 부족은 의료 현장에도 고스란히 부정적인 영향을 미칠 것이다.

이번 사태의 주된 책임은 충분한 준비도 없이 사회적 논의와 합의를 무시한 채 의대 정원 확대와 의료 정책을 무리하게 추진한 이전 정부에 있음이 자명하다. 그 결과 우리는 민주적인 의사소통과 투명한 정책 결정 과정의 중요성을 절실히 체감하고 있으며, 의학교육 현장 역시 그 대가를 혹독하게 치르고 있다.

이 글에서는 이번 사태에서 드러난 몇 가지 갈등과 남겨진 과제를 짚어보고자 한다.

첫째, 학사 운영의 혼란과 원칙의 상실이다.

2024년 2월 말, 다수의 의대생이 휴학계를 제출했을 때 교육부는 이를 정당한 휴학 사유로 인정하지 않고 휴학 승인을 불허했다. 이로 인해 모든 의과대학은 교육부의 '학사 유연화' 방침에 따라 개강 연기, 강의 및 실습 단축, 출석 미확인, 시험 및 성적 산출 연기, 1학기와 2학기의 중복 운영, 학칙 개정 등 편법적인 학사 운영을 이어가야 했다.

일부 대학에서는 2024년 5월경, 더는 정상적인 교육이 불가능하다고 판단하고 학사 파행을 막기 위해 휴학계를 승인하려 했으나, 교육부의 불허 방침으로 관철되지 못했다. 이후 한국의과대학·의학전문대학원협회는 의학교육 정상화의 실마리를 찾기 위해 2024년 8월 말부터 교육부와 함께 휴학 승인, 정부의 의학교육 지원 대책, 24/25 학번 중복에 따른 교육 대책, 졸업 후 국가시험 및 수련 계획

등에 대해 논의를 시작했다. 그 결과 같은 해 10월 말 각 대학이 자율적으로 휴학 승인 여부를 결정할 수 있게 되었고, 이에 따라 대부분의 의과대학에서 대규모 휴학 승인과 함께 등록금도 이월 또는 환불되었다.

하지만 당시 휴학계 승인은 어디까지나 '발등의 불'을 끈 수준에 불과했고, 모두가 예상치 못한 2025학년도 대규모 집단 휴학계 제출로 인해 40개 의과대학은 다시 모든 상황을 원점에서 마주하게 되었다. 교육부는 대규모 휴학 불허 방침과 함께 학칙에 따른 원칙적인 학사 운영을 선언하였고, 각 의과대학도 의학교육과 학사 운영의 파행을 막기 위해 원칙적인 학사 운영을 재개하였다.

그렇지만 지난해 계속되었던 편법적인 학사 운영의 경험이 남아 있는 상황에서, 원칙적인 학사 운영은 오히려 갈등을 증폭시키는 빌미가 되었다. 이는 다수가 함께 움직이면 원칙도 바뀔 수 있고, 언제가 되든 복귀 시 학사 유연화가 가능하다는 그릇된 신념을 심어주었다. 이로 인해 학칙에 따른 제적, 유급 등의 결정 과정에서 학생과 학교 당국 간에 심각한 갈등이 발생하였다. 향후 학생 복귀 문제와 관련해 지금까지 경험하지 못했던 다양한 사례가 나타날 가능성이 크며, '원칙'과 '포용'의 균형은 지속적인 논쟁의 중심이 될 것으로 보인다.

둘째, 학교 내 구성원 간 갈등의 심화다.

2023년 11월, 교육부는 40개 의과대학을 대상으로 교육 가능 인원에 대한 수요조사를 실시했다. 그 결과, 2025년에는 최소 2,151명에서 최대 2,847명, 2030년까지는 3,953명을 교육할 수 있다는 응답이 나왔다. 이는 각 대학이 고심 끝에 제출한 수치였지만, 결국 당시 정부가 정원 확대를 밀어붙이는 근거로 활용되었다. 이 과정에서 의과대학장들은 2,000명 정원 확대의 책임론에 휘말렸고, 2024년 3월 초 교육부에 각 대학별로 구체적인 정원 증원 요청 인원을 제출하는 과정에서 대학 내 총장, 학장, 교수, 학생들 사이에 심각한 갈등이 발생했다.

이러한 갈등은 지난해 휴학계 승인 과정에서도 이어졌고, 2025년에는 휴학계 일괄 반려, 미등록 제적 등의 문제가 불거지며 더욱 증폭되었다. 학칙에 따른 학사 운영 원칙을 강조한 학교 당국과 교수, 학생, 학부모는 서로 반목할 수밖에 없었다.

더욱 심각한 문제는 수업에 복귀한 소수 학생들에 대해 수업 거부 중인 일부 학생들이 온라인 커뮤니티와 SNS를 통해 등록자 명단과 수업 및 실습 참여자 명단을 유포하고, 특정 용어를 이용해 인신 비하와 비난을 가하며, 실명 투표 등을 통해 자유로운 의사결정을 방해하는 등 비민주적이고 인권 침해적인 사례가 빈번하게 발생했다는 점이다. 이에 대해 각 학교는 나름 강력히 대처하고자 노력했지만, 익명성과 음성적 방식에 기댄 행태를 막기에는 역부족이었다. 그 결과, 수업에 복귀했던 일부 학생들은 다시 수업을 포기하거나 심한 스트레스로 학업을 중단하는 일들이 발생하였다. 향후 의과대학이 건강한 학습 공동체로 온전히 회복되고 치유되기까지는 상당한 시간과 노력이 필요할 것으로 보인다.

셋째, 이번 사태를 겪으며 드러난 의과대학 문화의 특수성과 폐쇄성 문제다.

최근 의과대학에는 전국 최상위권 성적의 고교생들이 입학하고 있어 세간의 많은 부러움을 사고 있는 것이 사실이다. 대학의 다른 학과와는 많이 다른 커리큘럼 특성상, 대부분 의과대학에서는 입학 후 졸업할 때까지 동일한 시공간에서 수업과 생활을 함께하는 것이 일반적이다. 그만큼 동기 및 선후배 간의 친밀도와 동질성이 높고, 동아리 등의 그룹 활동을 통해 학교에 적응하고, 족보 공유나 인턴·전공의 등 졸업 후 진로 선택에도 많은 영향을 주고받는다. 이러한 관계는 단지 재학 시절에 그치지 않고, 졸업 후 병원생활까지 이어진다.

이런 의과대학만의 동질적이고 친밀도 높은 문화는 분명 많은 장점이 있다. 그러나 이번 의정 사태를 겪으면서, 지나치게 동질적이고 수평·수직 구조가 명확한 대인관계가 오히려 개인의 자유로운 의사결정을 방해하고, 다수로부터 분리되었을 때 심한 불안과 스트레스의 요인이 될 수 있다는 양면성이 드러났다. 그 결과, 의과대학생들은 스스로 수업에 복귀하고 싶다고 말하면서도, 끝내 자신의 의지대로 결정하지 못하고 '안정적인 다수'에 남는 결과를 초래했다. 학교 문화는 다양성이 존중되어야 하며, 의사결정은 자유로워야 하고, 자신의 행동에는 책임이 따라야 한다.

지금 의과대학은 전례 없는 대규모 유급 사태를 목전에 두고 있으며, 한 번도 교육해 본 적이 없는 의예과 3개 학번의 '트리플링

(tripling)'이 기정사실화되고 있다. 또한 각 의과대학에서 많은 교수들이 정든 교정을 떠나고 있고, 「고등교육법」 시행령 개정으로 통합 6년제 의대 교육과정(M6)이 가능해졌지만, 언제 시행할 수 있을지는 여전히 불확실하다. 그 외에도 의사과학자 양성, 의학교육에 대한 정부의 지원, 의료인력수급추계위원회를 통한 의과대학 정원 산정체계 마련, 최근 다시 논의되고 있는 공공의대 신설 문제 등 수많은 과제가 눈앞에 놓여 있다. 일제강점기에도, 한국전쟁 중에도 의학교육이 멈추지 않았듯이 초심으로 돌아가 다시 함께 나아갈 수 있기를 간절히 바란다.

편 성 범

- 고려의대 재활의학
- 대한민국의학한림원 4분회
- 고려대학교 의과대학장 2023.11. ~ **현재**
- 대한뇌신경재활학회 이사장 2021.03. ~ 2023.03.

의학한림원에 바란다 1[*]

• 박정현 •

　'대한민국의학한림원'은 2004년에 창설된 이래, 우리나라 의학계 최고 원로 선생님들의 모임이자 명실상부한 한국 의학계의 최고 석학 단체로서 지난 20여 년간 국내 의학 발전과 국민 건강 증진에 기여해 왔습니다. 또한 의학 연구 수준 평가를 통해 국내 의학자들의 학술 논문 발표 실적을 파악하고 이를 비교·평가함으로써 우리나라 의학의 위상을 정립하는 데에도 일조해 왔습니다.

　작년에는 현재 의료계와 정부 간 첨예한 의견 대립이 이어지고 있는 의과대학 신입생 정원 산정 문제에 대해 세미나를 개최하는

---

[*]　이 글은 대한민국의학한림원 2024년 제43호 뉴스레터에서 발표한 것이다.

등 의료계 현안에 대해서도 관심과 노력을 기울였습니다.

현재 우리나라 의료계를 대표하는 공식 단체는 의협이지만 주로 개원의들의 의견을 반영하는 단체로 여겨지고 있으며, 종합병원 이상을 대표하는 대한병원협회는 종합병원 측의 의사를 주로 반영하는 것으로 알려져 있습니다. 현실이 이러하다 보니, 대외적 논의 과정에서 전체 의료계의 의사를 반영할 수 있는 대표성 있는 단체가 부재하다는 지적이 끊임없이 제기되고 있습니다.

의학한림원은 명실상부한 우리나라 의학계의 최고 기관입니다. 구성원 모두가 해당 의학 분야에서 존경받는 원로 선생님들이십니다. 그간 해오신 여러 업무들도 있지만, 필요하다면 우리나라 의학계를 대표하는 역할도 사양하지 말고 맡아 주셨으면 합니다. 의학계가 잘못한 부분은 준엄하게 꾸짖어 주시고, 반대로 정부의 잘못된 정책에 대해서는 날카롭게 지적해 주시기를 기대합니다.

최근 의과대학 신입생의 적절한 숫자 문제를 두고 전체 의료계와 정부가 정면으로 충돌하였고, 정부의 결정에 불복한 젊은 수련의와 전공의들이 집단으로 사직서를 제출하고 직장을 떠났습니다. 또한 전국 대부분의 의과대학 재학생들이 휴학계를 제출하며 동맹휴학에 들어간 상태입니다.

정부는 원칙에 따른 대응을 천명하였고, 사직서를 제출한 모든 젊은 의사들에 대해 법에 따른 처벌을 진행하고 있는 사상 초유의 사태가 벌어지고 있습니다. 유사 이래 우리나라 의학계의 가장 큰 위기 상황이라 해도 과언이 아닙니다. 그럼에도 불구하고, 이러한 상황에서 우리나라 의학계를 대표하는 목소리가 들리지 않는 사실이 무척 아쉽습니다.

의학한림원에 대해 더 좋은 말씀을 드리고 싶었지만 원고 청탁을 받은 시기가 우리 의료계가 유례없이 힘들고 어려운 시점이다 보니, 이 문제를 언급하지 않고 지나갈 수 없었음을 너그러이 이해해 주시길 바랍니다.

박정현

- 인제의대 내분비내과학
- 제34대 대한내분비학회 회장
- 영호남내분비학회 회장 2020 ~ 2021
- 대한당뇨병학회 부회장 2017

의학한림원에 바란다 2[*]

· 최은석 ·

대한민국의학한림원 창립 20주년을 진심으로 축하드립니다. 수많은 어려움 속에서도 열정과 헌신으로 우리나라 의학의 진흥과 선진화를 선도하여 선진국 수준의 한국 의학 및 의료서비스 확립과 국민 건강 향상에 이바지해 온 공헌에 대해 학회를 대표하여 깊은 존경과 감사를 드립니다.

1972년 창립된 대한재활의학회는 장애인 건강과 의료서비스에 대한 사회적 인식이 부족하던 초창기부터, 선각자이신 원로 및 선배 교수님들과 회원 여러분의 열정과 헌신으로 오늘날 국내는 물론

---

[*] 이 글은 대한민국의학한림원 2024년 제45호 뉴스레터에서 발표한 것이다.

국제적으로도 주목받는 학회로 성장하였습니다.

올해로 창립 52주년을 맞이하며 새로운 반세기의 출발선에서 우리 학회는 '모든 장애를 넘어 더 나은 기능과 삶의 향상을 위한 재활의학(Rehabilitation Medicine: Beyond All Disabilities, For the Better Function and Better Life)'을 새 미션으로 정하였습니다. 현재 3,390명 회원들이 인공지능과 로봇기술 분야 등과의 융합을 통해 미래 재활의학을 선도하고 있으며, 근거 중심의 한국형 재활의료서비스 개발과 공급을 통해 국민 건강 향상은 물론 세계 재활의학 발전에도 기여하고 있습니다.

짧은 연혁에도 불구하고 이러한 성과를 이룰 수 있었던 것은, 장애인 등 사회 취약 계층의 진료와 보건을 감당한다는 사명감과 대의를 위해 상호 이해와 협력에 진력한 원로 및 선배 교수님들의 헌신과 리더십 덕분이라 생각합니다.

2019년 말 시작된 COVID-19 대유행이 우리 사회와 의료계에 끼친 어려움을 미처 극복하기도 전인 2024년 2월, 정부의 의대 정원 2,000명 증원 강행으로 촉발된 의료 대란 및 그 후유증이 지속되고 있는 현 상황은 우리나라 의학 발전을 저해하고 국민 보건에 심각한 위기를 초래하고 있습니다. 특히 사직한 전공의들과 휴학계를 제출한 의대생에 대한 정부의 강경 대응은 당사자들은 물론, 전체 의사 사회를 극심한 혼란과 함께 분노와 좌절에 빠뜨렸습니다.

법정 의료단체인 의협이 회원의 권익 보호와 국민 건강 및 생명 수호를 위해 노력하고 있으나, 전체 의사의 의견을 수렴하고 대변하는 역할에 어려움을 겪고 있습니다.

대한의학회 역시 국내 의학 발전과 학회의 전문성 발전에는 기여하고 있지만, 보건의료 정책이라는 거시적 문제에 실질적인 영향력을 미치는 의료인 단체는 아직 눈에 띄지 않는 상황입니다. 이는 정부의 의대 정원 증원 결정과 집행 과정에서 의료계의 현장 의견이 배제되고, 사회·경제적 관점에 치우친 한국개발연구원, 보건사회진흥연구원 또는 일부 교수들의 용역 연구보고서 자료만이 인용되었다는 사실에서 확인할 수 있습니다.

이처럼 전례 없는 의학 및 의료계의 위기 상황 속에서 의사와 환자, 그리고 국민이 모두 납득할 수 있는 해결책을 도출하려면 전체 의료계를 아우르는 리더십이 요구됩니다. 저는 그 역할을, 우리나라 의학 및 의학 관련 학문 분야의 최고 석학 단체이자 국가 보건의료 정책 자문기관을 표방하는 대한민국의학한림원이 맡아야 한다고 생각합니다.

이번 의료 대란 과정에서 우리 의료계 역시 예기치 못한 상황을 대처하는 데 있어, 전공의-의협 등 직역 간 의견 수렴 등에 취약점을 드러냈지만, 보건의료 전문가로서 실질적인 대안을 제시해야 할 주제도 확인하게 되었습니다. 필수의료와 지방의료 등 공공의료서비스 재건, 공평하고 효율적인 의료전달체계 확립, 건강보험 수가의 현실화 및 실손보험 개혁, 그리고 새로운 감염병 사태에 대응할 수 있는 국가 방역시스템 구축 등이 그것입니다. 이러한 문제들에 대해 근거 중심의 방안을 제시함으로써 국민의 신뢰를 얻고, 미래 한국 의료를 짊어질 의대생과 젊은 의사들에게 선진국 대한민국 의사로서의 희망과 긍지를 심어주어야 할 것입니다.

현재의 위기에는 우리나라 의료를 획기적으로 발전시킬 수 있는 기회가 내재되어 있다는 점에서, 다음은 대한민국의학한림원에 바라는 것입니다.

첫째, 2018년 이후 중단된 보건의료포럼을 재개하여 중립적이고 전문적인 연구를 통해 국가 보건의료 정책에 대한 자문 역할을 강화시킬 것을 요청합니다. 이는 의사와 환자는 물론, 보험회사 등 다양한 이해당사자 모두에게 통용되고 신뢰받는 의학 및 의료 정보 지침 제공자로서의 역할이라 하겠습니다.

둘째, 4차 산업혁명과 인구 노령화, 기후 변화 등으로 인해 의료 환경이 급격한 전환기에 능동적으로 대응하여 혁신적이고 효율적인 조직을 구성해 주시길 바랍니다. 이를 위해 연구 업적 외에 조직 관리 능력 등 회원 구성 범위에 변화가 필요합니다.

마지막으로, 의학한림원의 리더십 구축과 발휘를 부탁드립니다. 미국국립의학아카데미 슬로건인 "더 건강한 미래를 위한 리더십, 혁신, 영향력"이 인상 깊은 이유는 현재 우리에게 필요한 것이 바로 전체 의료계를 아우르는 리더십과 국민과 정부 기관에 미치는 영향력이며, 이는 장기간 전략적인 목표 설정과 훈련 과정을 통해 구축될 수 있기 때문입니다.

어려운 여건 속에서 최선의 노력을 다해 오신 대한민국의학한림원 회원 여러분께 다시 한번 깊은 존경과 감사를 드립니다. 감히 주

마가편(走馬加鞭)의 노고를 청함은, 현재의 위기가 개별 전문의학회
의 노력만으로는 감당하기 어려운 지점에 이르렀다는 절박함에서
비롯된 것임을 너그러이 헤아려 주시기 바랍니다.

최은석

- 가톨릭의대 재활의학
- 제26대 대한재활의학회 회장
- 가톨릭대학교 대전성모병원 의무원장 현재
- 대한재활의학회 회장 2022 ~ 2024

멈춰 선 시계와 미래의 과제
: '의정 사태' 1년을 돌아보며

2024년 2월, 정부의 일방적인 대규모 의대 정원 증원 정책 발표는 대한민국 의료시스템에 전례 없는 혼란을 야기했습니다. 이는 '교육은 한 나라의 백년대계'라는 지극히 상식적인 가치를 외면한, 의학교육에 대한 총체적 몰이해에서 비롯된 명백한 정책적 실기였습니다.

정부는 의료 인력의 지역적·수직적 불균형 해소, 필수 및 공공의료 강화, 그리고 미래 의료 수요 대비 등을 근거로 대규모 정원 확대를 주장했습니다. 그러나 의료계는 정부의 정책 발표가 관련 전문가들과의 내용적 숙의나 절차적 정당성 없이 강행한 것이기에 반발할 수밖에 없었습니다.

정부가 내세운 필수 및 공공의료 강화의 필요성은 공감하나, 이는 단순히 의사 수를 늘리는 양적 확대를 넘어 의료 인프라 확충, 의료 수가 정상화, 의료전달체계 개선 등 근본적인 구조 개혁을 통해서만 달성될 수 있는 과제입니다. 이렇게 시작된 사태는 사회적 갈등과 혼란을 넘어, 집단 간 신뢰를 무너뜨리는 위기로까지 확산되었습니다.

그러나 위기는 때때로 새로운 시작의 문을 여는 열쇠가 되기도 합니다. 이번 사태를 통해 분노와 절망을 경험하면서도, 우리가 얻게 된 몇 가지 교훈이 있습니다.

첫째, 본질을 놓치지 않는 태도의 중요성

수많은 갈등과 혼란 속에서도 본질을 놓치지 않는 태도가 중요합니다. 사태가 장기화되면서 많은 의대생과 교수진, 그리고 의료계 전체가 불안과 혼란에 휩싸였던 것이 사실입니다. 그럼에도 불구하고 우리가 지향해야 할 궁극적인 목표는 '생명 존중에 기반한 의학의 숭고한 가치와 이타적 헌신을 구현하는 의료의 실용성'이라는 의학과 의료의 본질을 잊지 않는 것입니다. 변화하는 상황과 그로 인해 야기된 혼란 속에서도 흔들리지 않는 의학교육의 본질적 가치를 확고히 해야 하며, 우리가 속한 집단과 사회에 건강한 미래라는 선한 영향력을 미치기 위해 노력해야 합니다. 의과대학의 정원 문제를 넘어서 의학교육의 질적 성장을 위해서도 꾸준히 나아가야 합니다.

둘째, 공감적 소통 교육의 절실함

공감적 소통 교육의 중요성을 절감하게 됩니다. 특히 전문 분야일수록 그 필요성은 더욱 커집니다. 이번 사태는 일방적인 소통이 얼마나 큰 혼란을 초래할 수 있는지를 명확히 보여준 사례입니다. 정부와 의료계, 그리고 일반 국민 모두가 서로의 입장을 제대로 이해하지 못한 채 갈등이 격화된 대표적인 사례로 생각됩니다. 단순히 자기 입장만을 강변하기보다는 상대방의 입장을 경청하고, 이해하기 위해 노력하고, 대화와 타협을 모색하는 태도가 얼마나 중요한지를 깨닫게 됩니다. 하나의 공동체가 건강하게 유지되려면 다양한 구성원들이 협력적 소통을 실천하고, 서로의 의견을 존중하며, 함께 머리를 맞대고 함께 문제를 해결하려는 적극적인 자세가 필요합니다.

물론 의료계도 그동안 국민과의 소통에 소홀했고, 정부의 정책 결정 과정에서 전문 분야의 의견을 효과적으로 전달하지 못했다는 지적도 새겨두어야 합니다. 특히 의학교육은 미래의 의사들이 의료 관련 정책을 올바르게 이해하고, 국민의 요구를 제대로 파악할 수 있는 역량을 키워 사회적 신뢰를 회복할 수 있도록 도와야 합니다. 아울러 정부, 의료계, 교육계, 시민사회가 함께 모여 더 나은 의학교육의 미래를 논의할 수 있는 구조를 마련하는 것이 필요합니다. 이를 통해 의료 인력 양성의 목표와 방법에 대한 국민적 공감대를 형성해 나가야 할 것입니다.

셋째, 프로페셔널리즘의 중요성

프로페셔널리즘(Professionalism)의 중요성을 실감하게 되었습니다. 이번 '의정 사태'는 단순히 의료계만의 문제가 아니라, 사회 각계각 층의 신뢰 위기와 전문가 집단의 책임성 문제를 다시금 일깨운 사 건이었습니다. 이 사태는 의료 현장에서의 업무 과중, 정부의 정책 변화, 의료체계의 불완전성 등 복합적인 원인이 맞물려 발생한 것 이지만, 그 중심에는 전문가 집단의 프로페셔널리즘에 대한 사회적 기대와 현실 사이의 괴리가 자리 잡고 있습니다.

한 나라가 발전하고 건강한 사회를 이루기 위해서는 각 분야의 전문가를 존중하는 문화가 정착되어야 합니다. 전문가를 존중한다 는 것은 단순히 그들에게 높은 보수를 주거나 사회적 지위를 보장 하는 것만을 의미하지 않습니다. 전문가 집단이 스스로 권리와 이 익을 주장하기 전에, 그들이 사회적 책임과 윤리를 실천할 수 있도 록 신뢰하고 전문성을 존중하는 것이 전제되어야 합니다.

근대화 이후 우리 사회는 오랜 기간 전문가 집단에 대한 신뢰와 존중을 바탕으로 발전해 왔습니다. 그러나 최근 몇 년간 전문가 집 단에 대한 불신이 커지면서, 이제는 이들이 사회적 신뢰를 회복하 기 위해 더욱 적극적으로 노력해야 할 시점에 이르렀습니다. 이번 사태를 계기로, 전문가 집단은 자신들의 권리와 이익을 주장하는 데에만 머무르지 말고, 사회적 책임과 윤리를 실천하는 데에도 힘 써야 함을 깨달아야 합니다. 이는 의료계에만 해당하는 문제가 아 니라, 모든 분야의 전문가 집단이 공유해야 할 과제이기도 합니다.

프로페셔널리즘은 단순히 전문적 지식과 기술을 갖추는 것을 넘어, 스스로를 규율하고 책임 있는 행동과 윤리를 준수하며, 사회적 신뢰를 바탕으로 하는 전문가의 태도와 행동을 의미합니다. 전문가 집단이 프로페셔널리즘을 실천할 때 사회는 그들을 신뢰하고 존중하게 되며, 이는 자연스럽게 전문가를 존중하고 그들의 전문성을 제대로 활용하는 선진적 문화로 이어집니다. 반면 전문가 집단이 프로페셔널리즘을 소홀히 하면 사회적 신뢰는 쉽게 무너지고, 이는 전문가 집단 전체의 위상 하락으로 이어집니다. 이번 의정 사태는 바로 이러한 전문직 신뢰 위기의 단면을 보여주는 사례입니다.

의학교육은 미래 의료인을 양성하는 중요한 과정이므로 학생들에게 단순히 의학 지식과 기술을 전달하는 데 그치지 않고, 프로페셔널리즘을 제대로 발휘할 수 있는 인재로 길러내는 것이 중요합니다. 학생들에게 환자 중심의 사고, 윤리적 책임, 협력과 소통의 중요성, 그리고 사회적 신뢰를 지키는 태도를 가르쳐야 합니다. 이러한 가치는 단순히 교과서적 지식 전달이 아니라, 실제 임상 현장에서의 경험과 반성, 그리고 동료와의 소통을 통해 자연스럽게 내면화되도록 도와주어야 합니다.

또한 학생들이 미래에 마주하게 될 현장에 대한 막연한 불안감과 겪게 될 어려움을 이해하고, 실제 의료 현장에서 만나게 될 다양한 딜레마 상황에 적절하게 대처하는 교육을 구현해야 합니다.

예기치 못한 의정 사태는 우리 모두에게 큰 시련을 가져다주었지만, 동시에 근본적인 변화와 혁신의 계기가 되기를 희망합니다.

이번 위기를 통해 기존의 한계와 문제점을 직시하고, 국민 중심의
의료시스템을 재정립하며, 상호 신뢰를 바탕으로 미래 의료를 함께
그려나갈 수 있는 기회로 삼아야 할 것입니다. 이 과정에서 의학교
육은 그 중심에서 미래 의료를 책임질 인재 양성의 초석을 굳건히
다져야 할 것입니다.

이 영 환

- 영남의대 소아청소년과학
- 대한민국의학한림원 의학교육위원장
- 한국의학교육학회 회장 2018.01. ~ 2020.08.
- 영남대학교 의과대학 학장 2012.09. ~ 2014.08.

2,000명 논란의 본질

한국 의료 대혼란 시대의 기록

지은이 | 한상원 외 32명

펴낸날 | 1판 1쇄 2026년 2월 12일

대표 | 한상원
편집 | 지은정
디자인 | 박찬희
발행처 | 도서출판 대한민국의학한림원

발행인 | 한상원
출판신고 | 제2025-000092호(2025년 12월 3일)
주소 | (04541) 서울시 중구 삼일대로363, 장교빌딩 806호
전화 | 02-795-4030
팩스 | 0502-795-4030
전자우편 | namok@namok.or.kr
홈페이지 | https://www.namok.or.kr

ⓒ 한상원 외 32명, 2026

ISBN 979-11-88899-09-8 (03330)

- 책값은 뒤표지에 있습니다.
- 잘못 만들어진 책은 서점에서 바꿔드립니다.